Günther Löffelmann

Drehschluss

GÜNTHER LÖFFELMANN

DREHSCHLUSS

FERNSEHGESCHICHTEN AUS 43 JAHREN

Mit einem Vorwort von Thomas Stipsits

ueberreuter

INHALT

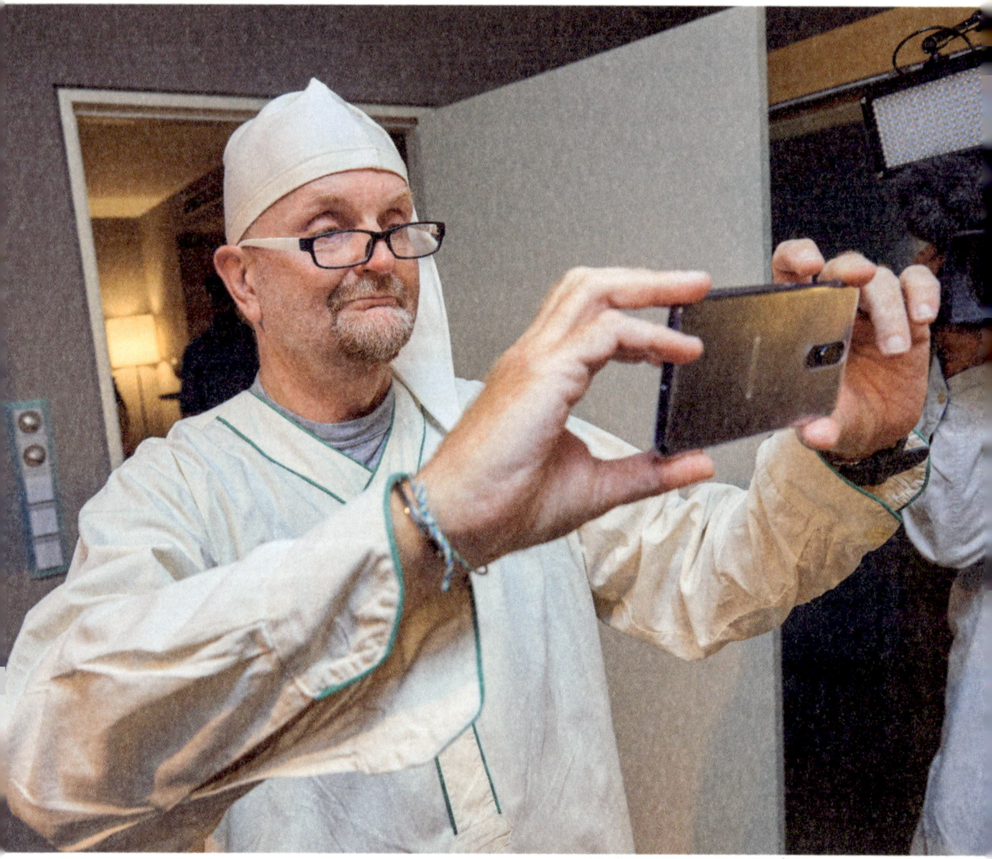

Egal welcher Anlass, egal welches Outfit gefordert war: Sowohl Kamerateam als auch privates Handy für Fotos waren immer dabei.

Die meisten von Ihnen kennen mich nicht: 43 Jahren war ich im Dienste des Fernsehens, in unterschiedlichen, spannenden und großartigen Aufgaben im ORF. Ich durfte Konzepte für Sendungen überlegen, war bei der Geburtsstunde einiger erfolgreicher TV-Formate dabei und habe viele, viele Interviews geführt.

Als dieses eigenartige „Kastel" bei uns im Wohnzimmer eingezogen ist, übte es eine große Faszination auf mich aus. Am Programm mitzuwirken, zu gestalten und das über vier Jahrzehnte – das war meine Berufswelt.

Dieses Buch habe ich geschrieben, weil ich nicht einfach in die Pension „abtreten" wollte, ohne mich zu bedanken: bei jenen, die mich begleitet, gefordert, gefördert – und manchmal auch nur ertragen haben. Und vor allem beim Publikum. Denn ohne Sie wären die vielen Sendungen nicht passiert.

Und passiert ist auch mir vieles: kleines Hoppalas, wie zum Beispiel, beinahe den Flug zu den Oscars zu verpassen, größere Pannen, wie Interviews, bei denen die Kamera nicht lief, aber Gott sei Dank nochmals gedreht werden konnten, und vieles mehr.

Die Geschichten, die Sie hier lesen, sind subjektiv, persönlich, manchmal schrullig, skurril, emotional – aber immer ehrlich.

Es sind Erinnerungen an eine Zeit, in der Fernsehen mehr war als Klickzahlen, Likes und Algorithmen. Eine Zeit, in der man für ein Gespräch noch Zeit hatte, eine Panne charmant, und ein Kinderlachen vor laufender Kamera wichtiger als das perfekte Licht war. Vielleicht sind Sie selbst Teil dieser Fernsehpublikumsgeneration. Vielleicht wollen Sie wissen, was hinter den Kulissen wirklich passiert ist. Zum Glück hatte ich oft meinen Fotoapparat oder (später) das Handy dabei.

Ich lade Sie ein, mir ein letztes Mal zu folgen: durch Sendungen und Drehpausen, durch Gespräche mit Stars, Skandälchen, durch Gänsehautmomente und kleine Wunder. Nur diesmal ohne Kamera.

Fernsehen vergeht – Geschichten bleiben.

Ihr Günther Löffelmann

VORWORT VON THOMAS STIPSITS: GÜNTHER

In einer Zeit, in der Nachrichtenfluten und Medienlärm oft die Seele der Kommunikation zu übertönen scheinen, gibt es Menschen, die das Licht und die leisen Zwischentöne der Interviewten in unsere Wohnzimmer bringen. Quasi das Friedenslicht der Medienlandschaft. Und das leuchtet lange. So ein Mensch ist Dr. Günther Löffelmann. Er hat mit seiner unermüdlichen Leidenschaft und seinem einzigartigen Charisma nicht nur die Sprache prominenter Persönlichkeiten eingefangen, sondern auch das Herz der Zuschauer erreicht. Nun, da er seinen Ruhestand angetreten hat, hinterlässt er eine Lücke, die kaum zu füllen sein wird.

Die Kamera war nicht nur sein Werkzeug, sie wurde zum Fenster, durch das er die Gedanken und Gefühle seiner Gäste reflektierte. Er brachte die Menschen dazu, sich zu öffnen, ihre Geschichten zu teilen und Momente der Verletzlichkeit zu zeigen, die in der Regel hinter dem Glanz der Öffentlichkeit verborgen bleiben. Er war auch ein sogenannter „Hoida“, wie man in Wien sagen würde. Kaum brauchte man etwas mediale Hilfe, rief man den Günther an. Er kam immer. Ich erinnere mich noch gut an mein erstes Interview mit ihm. Trotz aller Nervosität fühlte ich mich von der ersten Sekunde an wohl. Günthers Humor hatte eine magische Fähigkeit, welche dir das Gefühl gab: Du bist in sicheren Händen und darfst dich öffnen. Seine Kunstfertigkeit lag nicht nur im Fragenstellen, sondern vielmehr darin, zuzuhören – wirklich zuzuhören. Günthers Einfühlungsvermögen und seine unerschütterliche Neugier machten ihn nicht nur zu einem herausragenden Journalisten, sondern auch zu einem Vertrauten und letztlich zu einem Freund.

Es wird sicherlich ungewöhnlich sein, nach dem Kabarettgipfel nicht hinter der Bühne auf Günther zu stoßen, der mit seinem Mikrofon wartet.

„Hast du Zeit, mein Lieber?“

„Ja, die habe ich!“, wäre die falsche Antwort. Richtig ist: „Ja, die nehme ich mir!“

Danke für deine Treue.

Und nun nehmen Sie sich die Zeit, um einzutauchen in die seltsame Welt hinter den Bühnen, Studios und Filmsets.

Und wer weiß, vielleicht steht ja Günther plötzlich mit einem Mikrofon in ihrem Wohnzimmer, am Strand oder gar am Klo, um zu fragen: „Hast du Zeit?“

Dann antworten Sie ...(selber einfügen)!

Mit Kabarettist, Schauspieler, Bestsellerautor Thomas Stipsits vor dem ORF-Studio 2

CLARENCE, MEIN HERO

Meine ersten Erinnerungen an den „Zauberkasten", auch Fernsehapparat genannt, sind verschwommen. Ich erinnere mich als kleinen Jungen, der ungeduldig auf ein Testbild starrte, bis um 17.00 Uhr das Programm begann.

Der ORF hatte damals zwei Fernsehprogramme. Die Bezeichnung „Österreichischer Rundfunk" wurde ab Mai 1953 verwendet, seit der Rundfunkreform 1967 gibt es das Kürzel ORF. 1974 folgte die Umwandlung in eine öffentlich-rechtliche Anstalt mit Programmauftrag. Heute umfasst sie vier Fernsehsender (ORF1, ORF2, ORF III und ORF SPORT+), drei bundesweite Radiosender (Ö1, Ö3, FM4) und diverse regionale für die jeweiligen Bundesländer. Der ORF soll ein möglichst breites Spektrum der Gesellschaft abdecken – Information, Unterhaltung, Bildung und Kultur sind wesentliche Bestandteile des Programms. Ab 1982 gehörte ich dazu.

Schon als Kind war ich vom Fernsehen begeistert, und soweit ich mich erinnern kann, war dieses „Kastl" immer da. Mir kommen Serien wie *Daktari*, *Bonanza* und *Flipper* in den Sinn. Die große, weite Welt fand damit bei uns im Wohnzimmer statt. Zunächst in schwarzweiß, ab Ende der 60er-Jahre dann farbig. Was im Fernsehen lief, ergab für mich als Kind Sinn, es kam mir vor, als ob die Welt keine Geheimnisse hatte und es immer Lösungen gab. Menschen reisten darin in Länder, die weit weg waren, und brachten deren Geschichten zu uns ins Wohnzimmer. Meine Eltern waren Finanzbuchhalterin und Kriminalbeamter, und es war ihnen damals wichtig, mit der gesellschaftlichen und technischen Entwicklung Schritt zu halten. Wer damals einen eigenen Fernseher besaß, der war wer.

Der Fernsehapparat war etwas Besonderes.

Meine Eltern Franz & Gertrude Löffelmann

Ich mochte meine „Freunde" im Fernseher – ich habe mit ihnen gezittert, und ich habe mich mit ihnen gefreut. Im Garten meiner Großmutter habe ich viele Geschichten nachgespielt: *Daktari* hatte alles, was ein Kinderfernsehherz brauchte: Im Mittelpunkt der Handlungen stand der Alltag des von Marshall Thompson dargestellten Tierarztes Dr. Marsh Tracy und seines „Haustieres" Clarence. Der Löwe war mein Serienliebling – ein starkes Tier, das körperliche Schwächen hatte, diese aber überwand. Er konnte trotz seiner Sehbeeinträchtigung mit einem einzigen Brüller die Bösen in die Flucht schlagen.

Ich erinnere mich auch, dass ich den Gang der Cowboys aus Serien wie *Bonanza* oder Wildwest-Filmen so lange geübt habe, bis ich ihn perfekt beherrschte. Unser Nachbar hat sich diesen Gang dann später ebenfalls abgeschaut, als er seine ersten Jeans bekam, die damals noch eher steif saßen …

Als Zuschauer nahm ich die Fernsehwelt so wahr, wie sie war. Erst später, mit Serien wie *UFO* und *Jason King*, begann ich, die Welt der Erwachsenen zu reflektieren, ohne sie aber zu hinterfragen. So wurden die coolen Helden zu bewunderten Vorbildern und das Fernsehen prägte mein Leben. Ich lernte Redewendungen von Serienfiguren, an die ich mich heute noch erinnere: „Mir schwelt da eine Frage im Gebeiß", „Hände hoch, ich bin Achselfetischist!" oder „Sleep well in your Bettgestell!" aus der Serie *Die Zwei* mit Tony Curtis und Roger Moore.

Selbstverständlich achteten meine Eltern darauf, was ich schaute – um 20.00 Uhr war mein Fernsehtag meist vorbei. Ich begann erst mit etwa acht Jahren, Abendshows zu sehen, und das nur samstags, die Show *EWG – Einer wird gewinnen* gehört da zu meinen frühesten Erinnerungen. Das Quiz wurde von Hans Joachim Kulenkampff moderiert, und ich habe es geliebt, mitzuraten. Es war dieses Mitraten-Können statt „nur" zuzuschauen, das mich so angezogen hat, obwohl mein Wissen damals natürlich recht begrenzt war, aber das störte mich nicht. Meine Eltern und Freunde hatten zu dieser Zeit sicherlich andere Sichtweisen …

Man sollte dieses Buch also nicht als objektive Bestandsaufnahme betrachten. Einige meiner Geschichten und Erlebnisse sind kurz, andere sind ausführlicher.

Manche sind sehr nah am Geschehen, andere zugunsten der Unterhaltung ein wenig bearbeitet. Manchmal wird mein „gedankliches Froschhüpfen" überraschen, aber ab und zu scheint mir ein Abschweifen oder Einfügen anderer Gedanken sinnvoll.

Die Auswahl der Geschichten ist eine sehr subjektive, persönliche und manchmal vielleicht nicht leicht nachvollziehbar. Aber: Es handelt sich um meine persönlichen Erinnerungen, um Reflexionen aus 43 Jahren Fernsehtätigkeit. Mit allen emotionalen Färbungen und ohne den Anspruch auf Vollständigkeit. Und meine Erinnerungen sind für mich auch eine Liebeserklärung an ein Medium, an eine Scheinwelt, die mein inneres Kind über Jahrzehnte am Leben gehalten hat. Skandale wird man in diesem Buch vergeblich suchen – sollten Sie, werte Leserin, werter Leser, jetzt die für mich schönen Seiten des Fernsehens kennenlernen wollen, dann danke ich Ihnen herzlich.

FERNSEHSTUDIO TURNSAAL

In der Unterstufe besuchte ich das Bundesrealgymnasium in der Singrinergasse im 12. Wiener Gemeindebezirk. Ich trat in diese Schule ein, kurz nachdem der Österreichische Rundfunk ins ORF-Zentrum in der Würzburggasse gezogen war – zuvor war das Fernsehen in den Räumlichkeiten des BRG12 in der Singrinergasse untergebracht gewesen. Ab Mai 1955 wurden die ersten Sendungen des Versuchsprogramms aus den Klassenzimmern gesendet, rund zehn Jahre später waren die Betriebsstätten des Fernsehens über ganz Wien verstreut. Deshalb wurde 1968 mit dem Bau des ORF-Zentrums begonnen. Es war Zufall, dass ich gerade in den ehemaligen Aushilfsstudios die Schule besuchte – das Gymnasium war von meiner Mutter ausgewählt worden. Aber: Ich glaube nicht an Zufälle.

An meinem ersten Schultag gab es bis auf ein paar Fotos keine Hinweise mehr, dass hier einmal Großes stattgefunden hatte. Die Klassen sahen aus wie jene in meiner Volksschule. Einer meiner Klassenkameraden war Toni Faber, der spätere Dompfarrer von St. Stephan.

Am 11. Mai 1973, im ersten Jahr meiner Gymnasiumszeit, verstarb mein Vater – am selben Tag wie Lex Barker. Ich weiß nicht mehr, welches Ereignis mich als 13-Jährigen damals im ersten Moment mehr geschockt hat – der Tod von Old Shatterhand oder der meines Vaters. An diesem Tag hat sich die Rollenverteilung in unserer Familie verändert. Meine Mutter hielt nicht meine Hand, ich hielt ihre. Sie war zu diesem Zeitpunkt Mitte 40 und es hat nach dem Tod meines Vater nie mehr einen Mann in ihrem Leben gegeben. Sie verbrachte die Zeit damit, mich durch die Schule und das Studium zu schubsen. Ich selbst flüchtete mich nach dem Tod meines Vaters vermehrt in eine Scheinwelt: *Die Straßen von San Francisco* oder *Raumschiff Enterprise.* Sie bildeten eine willkommene Abwechslung zum eher tristen Schulalltag. Ich war kein guter Schüler, machte nur das Notwendigste, und dementsprechend waren meine Noten. In der fünften Klasse war denn aufgrund meiner geringfügigen Leistungen in Mathematik und Physik Schluss in der Singringergasse und ich wechselte ans BRG6 in die Marchettigasse. Und siehe da – ich war plötzlich ein besserer Schüler, da es die Lehrer hier endlich verstanden, mein Interesse zu wecken. Ich wollte während meiner Zeit dort sogar selbst Lehrer werden. Bis ich in der siebten Klasse doch noch den Berufswunsch wechselte: Jetzt wollte ich Journalist sein.

Sehr zum Leidwesen meiner Mutter – ihr wäre es lieber gewesen, ich wäre Steuerberater geworden – begann ich nach dem Schulabschluss also ein Publizistikstudium. Zahlen waren einfach nicht mein Ding. Ich suchte also ein Nebenfach, das man damals noch brauchte, das möglichstwenig mit Zahlen zu tun hatte, die Wahl fiel auf Politikwissenschaft.

Das Publizistikstudium war von Anfang an nur Theorie, also suchte ich mir gleich Jobs, die mit der Praxis zu tun hatten. Ich schrieb für *ai*, das Magazin von Amnesty International, und das Wiener Bezirksblatt *Zeitgemaß 23*. Mein großer Wunsch blieb aber: Ich wollte zum Fernsehen gehen. Ich wollte Teil dieser Szene werden.

Ein Ex-Schulkollege gab mir den Tipp, mich im Büro für Fremdanmietungen registrieren zu lassen. Frau Luger war dort zuständig für die Komparsen und Kabelhilfen, die beim Aufbau mithalfen und dafür sorgten, dass die Kameras nicht über ihre Kabel fuhren. Ich musste einen Lebenslauf abgeben, und dann war Geduld angesagt. Geduld und Warten, denn wie ich später erfuhr, waren diese Jobs sehr begehrt. Sie waren für viele der erste kleine Schritt beim Versuch, berühmt zu werden – für mich waren sie der Zugang zu einer Welt, die ich bislang nur von außen kannte und die mich schon von klein auf in ihren Bann gezogen hatte. Einmal pro Woche fragte ich also bei Frau Luger nach, ob sich etwas ergeben hätte – ich wollte Interesse zeigen und dachte außerdem: Steter Tropfen höhlt den Stein. Ich sollte recht behalten.

Nach wochenlangem Nachfragen kam endlich der lang ersehnte Anruf: Man suchte für eine Gage von 352 Schilling (heute wären das rund 25 Euro) zwei Komparsen für die Fernsehaufzeichnung der Show *100 Jahre Kálmán* im Theater an der Wien. Mein erster Auftritt erfolgte in Livree.

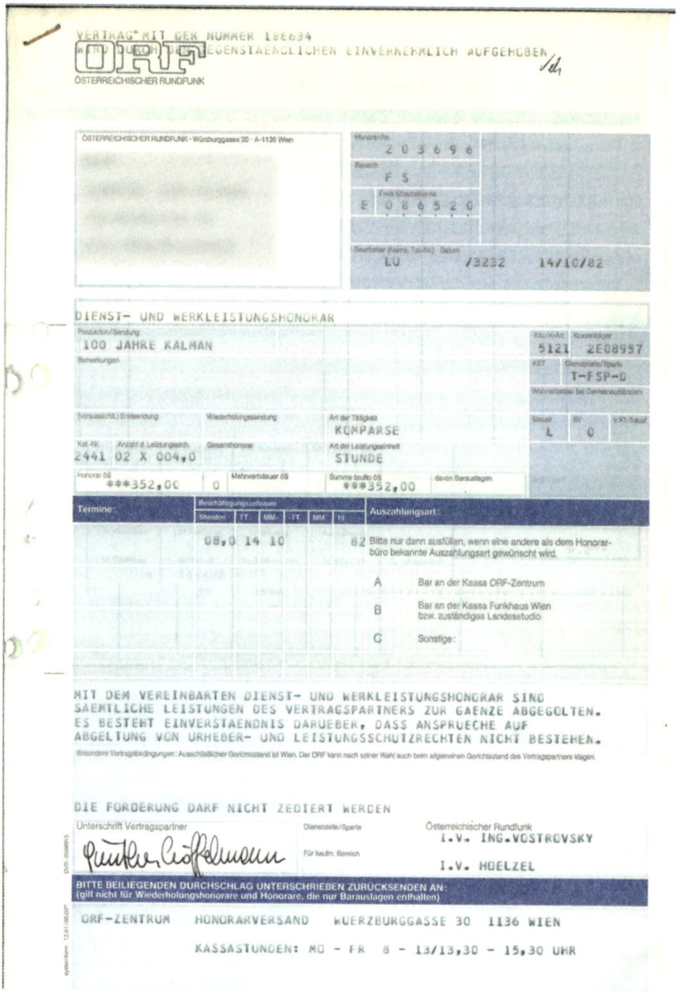

VERTRAG MIT DER NUMMER 186634
WIRD DURCH DEN GEGENSTAENDLICHEN EINVERNEHMLICH AUFGEHOBEN

ORF
ÖSTERREICHISCHER RUNDFUNK

ÖSTERREICHISCHER RUNDFUNK · Würzburggasse 30 · A-1136 Wien

Honorar-Nr. 2 0 3 6 9 6
Bereich F S
E 0 8 6 5 2 0
Bearbeiter (Name, Tel.-Nr.) Datum LU /3232 14/10/82

DIENST- UND WERKLEISTUNGSHONORAR

Produktion/Sendung: 100 JAHRE KALMAN
Kto./K-Art 5121 Kostenträger 2E08957
Dienststelle/Sparte T-FSP-D
Bemerkungen
Wohnsitzstaat bei Devisenausländern
(Voraussichtl.) Erstsendung
Wiederholungssendung
Art der Tätigkeit KOMPARSE
Steuer L
SV 0
Kat.-Nr. 2441
Anzahl d. Leistungseinh. 02 X 004,0
Gesamthonorar
Art der Leistungseinheit STUNDE
Honorar öS ***352,00
Mehrwertsteuer öS 0
Summe brutto öS ***352,00
davon Barauslagen

Termine:	Beschäftigungszeitraum Stunden	TT	MM-	-TT	MM	19
	08,0	14	10			82

Auszahlungsart:
Bitte nur dann ausfüllen, wenn eine andere als dem Honorarbüro bekannte Auszahlungsart gewünscht wird.
A Bar an der Kassa ORF-Zentrum
B Bar an der Kassa Funkhaus Wien bzw. zuständiges Landesstudio
C Sonstige:

MIT DEM VEREINBARTEN DIENST- UND WERKLEISTUNGSHONORAR SIND SAEMTLICHE LEISTUNGEN DES VERTRAGSPARTNERS ZUR GAENZE ABGEGOLTEN. ES BESTEHT EINVERSTAENDNIS DARUEBER, DASS ANSPRUECHE AUF ABGELTUNG VON URHEBER- UND LEISTUNGSSCHUTZRECHTEN NICHT BESTEHEN.

Besondere Vertragsbedingungen: Ausschließlicher Gerichtsstand ist Wien. Der ORF kann nach seiner Wahl auch beim allgemeinen Gerichtsstand des Vertragspartners klagen.

DIE FORDERUNG DARF NICHT ZEDIERT WERDEN

Unterschrift Vertragspartner
Dienststelle/Sparte
Für kaufm. Bereich
Österreichischer Rundfunk
I.V. ING.VOSTROVSKY
I.V. HOELZEL

BITTE BEILIEGENDEN DURCHSCHLAG UNTERSCHRIEBEN ZURÜCKSENDEN AN:
(gilt nicht für Wiederholungshonorare und Honorare, die nur Barauslagen enthalten)

ORF-ZENTRUM HONORARVERSAND WUERZBURGGASSE 30 1136 WIEN

KASSASTUNDEN: MO - FR 8 - 13/13,30 - 15,30 UHR

Mein erster ORF-Vertrag

Die Show, die im Fernsehen dann *Ich kauf mir die Welt* hieß, war ein Nummernprogramm damaliger Operettengrößen, moderiert vom ungarischen Schauspieler Gyula Szombathy, der Deutsch sprach. Ich hatte meinen ersten Fernsehauftritt an der Seite von Dagmar Koller, Heinz Zednik, Helga Papouschek und Fritz Muliar. Oder besser gesagt: Ich absolvierte Handlangerdienste wie ein Glas Wasser holen oder die Zeitung bringen. Und obwohl es eine im Fernsehen übertragene Bühnenshow war und ich nur sehr kurze Auftritte hatte, bekam ich zum ersten Mal mit, wie viel an so einer Fernsehaufzeichnung hing: Dort, wo die Fernsehzuschauer nur den Moderator im Gespräch mit Gästen sehen, stehen in Wahrheit mehrere Kameras und dahinter Dutzende Menschen: Kameraleute, Beleuchter, Tonmeister, Aufnahmeleiter, Produktionsleiter, Redakteure, Maske und Stylisten, Drehbuchautoren.

Wir probten am 14. Oktober 1982 nachmittags. Es handelte sich um eine Revue mit den Hits von Emmerich Kálmán. Die Stars schenkten uns Komparsen nur wenig Aufmerksamkeit – Wortwechsel mit ihnen gab es nicht. Bevor sich der Vorhang öffnete, bestand unsere Aufgabe darin, noch einmal zu überprüfen, ob alle Requisiten an ihrem Platz waren. Alles wirkte passend. Nur hatten wir unsere Aufgabe leider zu ernst genommen und die Zeit aus dem Blick verloren. Und so kam es, dass der Vorhang aufging und das Publikum im Saal nicht das Orchester oder den Moderator sah, sondern einen Diener in Livree, der sehr schnell die Bühne verließ.

Backstage gab es keinen vorwurfsvollen Blick oder gar ein böses Wort. Es schien fast so, als ob mein Fehler gar nicht aufgefallen war. Die Stars waren damit beschäftigt, ihren Auftritt nicht zu verpassen; die Fernsehredakteurin Christa Hahn achtete derweil darauf, dass die Moderationstexte richtig wiedergegeben wurden. Und wir zwei Komparsen fieberten unserem nächsten Einsatz entgegen. Wir erfuhren erst nach der Aufzeichnung, dass unser Fehler im Fernsehen nicht zu sehen war, obwohl die Kameras alles aufgezeichnet hatten. Die Fernsehübertragung begann erst nach dem Öffnen des Vorhangs.

Obwohl mein erster Einsatz mit einem Hoppala angefangen hatte, wusste ich: Das ist es, was ich machen will. Die Leute vom Fernsehen, die mit ihren Scheinwerfern und Kameras durch die Kulissen fuhren, hatten mein Interesse geweckt. Es gab kein Zurück mehr. Ich wollte auch zum Fernsehen, auch wenn ich alle für hyperaktiv hielt – es herrschte ständige Hektik, nicht alles wirkte strukturiert. Ich weiß noch, wie ich zu meiner Mutter sagte: „Dort bleibe ich keine zehn Jahre, das sind ja lauter Wahnsinnige." Aber im Laufe der Zeit merkte ich, dass Sinn hinter jedem Handgriff steckt. Und ich blieb 43 Jahre.

Als Komparse links an der Bar bei der ORF-Show „Kinder, so jung komm' ma nimmermehr z'samm"

Schon neben meinem Studium lernte ich durch solche Jobs viel über das Medium. Ich telefonierte regelmäßig mit Frau Luger, zunächst für weitere Statistenrollen, unter anderem als „Gast“ in Heinz Conrads Silvestershow mit dem schönen Titel „Kinder, so jung komm' ma nimmermehr z'samm“ aus der Hauptabendreihe *Heinz Conrads und seine Freunde*. Dort bestand meine Aufgabe und jene der anderen Komparsen darin, drei Tage lang als Publikum zu fungieren. Die Damen im Abendkleid, die Männer im Smoking oder dunklen Anzug, wie bei einer Silvesterparty eben, mal an der Bar, mal auf der Couch. Mal saß ich einfach nur im Hintergrund, mal wurde ich direkt angesungen. Wie zum Beispiel von der Operettensängerin Marcela Cerno. Für mich, der ich damals auf ganz andere Musik stand als auf Operette und Wienerlied, war das mehr als gewöhnungsbedürftig, und ich kämpfte zu Beginn gegen einen Lachanfall.

In Österreich kannte Heinz Conrads früher jede und jeder, er war jahrzehntelang der einzige Superstar des österreichischen Fernsehens. Von 1946 bis zu seinem Tod moderierte er für den ORF im Radio. Mit seiner großen 45-minütigen Sonntagvormittagsrevue wurde er zum Publikumsliebling der österreichischen Rundfunkunterhaltung und feierte auch als Schauspieler, Conférencier sowie Interpret von Wienerliedern, Gedichten und Texten große Erfolge. Später stellte der nette, gepflegte und zunehmend silberhaarige Herr in seiner Samstagabendsendung außerdem verschiedene Nachwuchskünstler vor. Große Stars, hoffnungsvolle junge Talente und Heinz Conrads selbst gaben dann zwischen kurzen Plaudereien Kostproben ihres Gesangsrepertoires zum Besten. Auch das fand offenbar großen Anklang, denn als die Sendung einmal gekürzt werden sollte, gab es einen regelrechten Aufstand unter den Zusehern.

Mich persönlich langweilte seine Sendung eher, die „Alten“ – also Großeltern und Großtanten – ließen sie sich aber nie entgehen. „Guten Abend, meine Damen, guten Abend, meine Herrn, guten Abend, die Madln, Servus, die Buam“, sagte er immer zur Begrüßung und zwinkerte dabei. Auch hinter der Bühne war er immer pünktlich, gut gelaunt und ebenso freundlich, wie man ihn aus dem Fernseher kannte. Überhaupt nicht abgehoben. Einfach sympathisch. Manchmal saß er vor der Aufzeichnung mit Hut, Mantel und Sonnenbrille irgendwo abseits und wollte mit sich allein sein. Wurde er dann ins Studio geholt, meinte er nur: „Na ja, gemma's hoid wieda an!"

Dass seine Showaufzeichnung mehrere Tage dauerte, erstaunte mich damals. Doch jeder Gesangsauftritt wurde genauestens geprobt, und mir war noch nicht klar, weshalb das so viel Zeit in Anspruch nahm und der Regisseur so oft mit dem Gezeigten unzufrieden war. Die Sendungsmacher sahen Dinge, die mir nicht auffielen. Vor allem Conrads selbst achtete genauestens darauf, dass seine Songs und Texte fehler- und versprecherfrei aufgezeichnet wurden. Schlug der erste oder zweite Versuch fehl, wurde er unwirsch. Sein Redakteur war damals Günter Tolar, und der bekam die Unzufriedenheit und Ungeduld von Heinz Conrads öfter zu spüren. Im Gegensatz zu uns Komparsen, uns gegenüber war er stets freundlich und bat um Verzeihung, falls ein Take mehr Zeit in Anspruch nahm.

Dieser Job machte mir Spaß, die Aufgabe war leicht, man wurde nur selten angesungen, und es gab eine „Kleiderzulage", denn der dunkle Anzug, den ich trug, war mein Maturaanzug. In der Folge wurde ich regelmäßig für Heinz Conrads' Spezialsendungen gebucht, die nicht nur im ORF-Studio aufgezeichnet wurden, sondern auch in Heurigen in Neustift am Walde. Ich wurde dank Redakteur Günter Tolar zu einem „fixen Gast" des Showmasters. Tolar achtete auf Kontinuität, auch bei der Zusammensetzung der Komparsen, denn „denen muss man nicht ständig alles neu erklären". Oft hieß das für uns, nur am Tisch zu sitzen und dem launigen Spiel vor der Kamera zuzuschauen. Ein einfacher, bezahlter Job, für den man auch verköstigt wurde – im Fall der Komparsen mit Apfelsaft gespritzt und Soletti mit Liptauer. Der ORF musste wohl schon damals sparen …

„DAS WAR SPITZE!"

Die einzige Tätigkeit, die für mich alle Komparsenjobs in den Schatten stellte, war jene als Testkandidat bei den Proben zu *Dalli Dalli*. Die populäre ZDF-Fernsehshow wurde zwischen 1971 und 1986 von Hans Rosenthal moderiert – 153 Sendungen lang. Als Co-Produktion mit dem ZDF wurde sie zweimal jährlich aus dem ORF-Zentrum in Wien ausgestrahlt. Acht Prominente traten in vier Teams gegeneinander an, bis ein Gewinnerteam feststand. Es gab Schnellraterunden sowie Schätz- und Aktionsspiele. Bei Letzteren mussten die Kandidaten unter anderem Bratwürste in einen Wurstdarm füllen oder Luftballons mithilfe von Schubkarren ins Ziel bringen; ein anderes Mal sollten möglichst viele Geranien eingetopft oder Wäsche aufgehängt werden. Im Gegensatz zu heute eher einfache Spiele.

Die Proben für jede Show dauerten mehrere Tage, da auch Hans Rosenthal ein Perfektionist war. Er wollte die Spiele und deren Ablauf immer genau verstehen, und er probte sogar die Interviews. Für uns als Komparsen bedeutete das, dass wir die Prominenten imitieren mussten – in meinem Fall war es u.a. Niki Lauda. Außerdem mussten wir die Spiele auf ihre Funktionalität überprüfen, und zwar mit Einsatz, da die Prominenten in der Show meist ehrgeizig mitwirkten, um Geld für den guten Zweck zu erspielen.

Wir Komparsen mussten oft früher als der Rest der Fernsehcrew am Set sein. Rosenthal kam immer in Begleitung seiner Assistentin Monika Sundermann, und er begrüßte jeden Einzelnen am Set mit Handschlag, wollte unsere Vornamen wissen und merkte sich diese zu meiner Verwunderung auch. Hatten wir getestet, ob die Spiele so funktionierten, wie sich Richard Prikatzky, der Spieleerfinder, das vorgestellt hatte, wollte sich Rosenthal im Anschluss bei uns darüber informieren, wie es für uns gelaufen war. Er wollte sich in die Situation der Kandidaten versetzen. Fanden wir Mängel oder gar Verbesserungsvorschläge, dann hörte sich der deutsche Showmaster diese interessiert und geduldig an. Er ließ uns immer spüren, dass wir einen bedeutenden Teil der Sendung ausmachten. Das war eindrucksvoll, dass das „Aushängeschild" der Sendung auch ein echter Teamplayer war. Für mich war schon der Probeauftritt durch die berühmte Waben-Tür ein Erlebnis. Diese Dekoration blieb über all die 15 Jahre gleich und war ein unverkennbares optisches Wiedererkennungsmerkmal.

Ich liebte das Spiel „Dalli-Klick" – von einem Foto wurde dabei immer ein kleiner Teil aufgedeckt, bis man erkannte, was oder wer darauf zu sehen war. Es gelang mir oft, Personen oder Gegenstände schon nach ein bis zwei Feldern zu erkennen – und hin und wieder ließ Rosental daraufhin die Fotos austauschen und das Spiel so erschweren! Er ließ uns spüren, dass wir wichtig waren – und zeigte das auch klar.

Rosenthals Lächeln ist mir in Erinnerung geblieben – und seine Sprünge, wenn das Publikum besonders tobte. Bei all der Freude, die dieser kleine Mann verbreitete, ahnten wir damals nicht, was er einst durchgemacht hatte. Denn er, der Millionen so wunderbar unterhielt, sprach ganz selten öffentlich über seine Vergangenheit und darüber, dass er fast seine ganze Familie in den Gaskammern der Nazis verloren, selbst bis 1943 bei seiner jüdischen Großmutter gelebt hatte und nur mit viel Glück der Deportation entkommen war.

Im Fernsehen war Rosenthal wie ein Kind. Er wollte seine Zuschauer erheitern und wirkte dabei meistens genauso aufgedreht. Wenn ihn etwas begeisterte, überschlug sich seine Stimme, und er wurde ganz zappelig. In seiner Show benahmen sich sogar die Erwachsenen kindisch – es war wie ein großer Kindergeburtstag. Doch was so leicht und oft spontan aussah, war bis ins kleinste Detail geprobt, und Rosenthal mochte es nicht, wenn jemand nicht so bei der Sache war wie er selbst. Selbst der Sprung, den er bei seinem Lieblingssatz „Sie sind der Meinung, das war spitze!" immer absolvierte, wurde geprobt. Und zwar öfter! Auch seine Moderationen, die so salopp daherkamen, studierte er vor der Sendung Wort für Wort ein. Es sollte nichts dem Zufall überlassen sein. Das fiel mir erst so richtig auf, als ich die Sendungen, in der ich Testkandidat gewesen war, abends im Fernsehen sah.

Ich dürfte mich nicht allzu schlecht angestellt haben, denn immer, wenn Rosenthal mit *Dalli Dalli* in Wien Station machte, wurde ich als Testkandidat zu den Proben verpflichtet. „Wie geht es denn?", begrüßte er mich einmal und schien mich wiederzuerkennen. Vielleicht tat er das auch – ich habe ihm das zugetraut.

Am Ende der Probentage gab es immer einen kleinen Umtrunk für das Team, das war dem Berliner Moderator wichtig. Von ihm habe ich gelernt, dass ein Motor nur so gut läuft, wie dic kleinsten Zahnräder ineinander greifen. Und ich sollte schon bald ein Zahnrad auf einem neuen Gebiet werden.

Hans Rosenthal: „Das war spitze!"

SIMSALABIM!

Ich wurde Kabelhilfe – das wurde man, wenn, Frau Luger das Gefühl hatte, man sei verantwortungsvoll. Kabelhilfen, auch Kabelträger genannt, sind meist studentische Hilfskräfte, die von Fernsehsendern oder Produktionsfirmen tageweise angestellt werden. Ihre Arbeit umfasst in erster Linie das Tragen von Kamerakabeln, damit die Kameraleute im TV-Studio uneingeschränkte Bewegungsfreiheit haben und das Kabel keine Geräusche verursacht, wenn es über den Studioboden gezogen wird. Nicht selten gehört zum Arbeitsfeld der Kabelhilfen auch das Bedienen des Teleprompters für den Moderator oder das Verteilen von Sendeabläufen.

Meine neue Tätigkeit bedeutete: Ich war ab sofort länger bei Produktionen, und zwar schon mit Aufbaubeginn. Da die großen, schweren Kameras oft quer durchs Studio fuhren, musste ich darauf achten, immer schnell Kabel „nachzugeben“, damit sie nicht abrupt stoppten – das war noch einfach. Schwieriger war es, die Kabel wieder im richtigen Tempo einzuziehen und dabei darauf zu achten, dass kein Kabelgewirr entstand. Wenn man gut war, wurde man immer demselben Kameramann zugeteilt, denn auch in diesem Job war Vertrauen wichtig für einen reibungslosen Ablauf. Und es gab mehr Geld als für einen Komparsenjob.

Im sogenannten Z1, dem großen Fernsehstudio, in dem heute Shows wie *Dancing Stars* und *Starmania* stattfinden, wurden damals Fernsehspiele veranstaltet, also Aufzeichnungen von Theateraufführungen vor Publikum. Es wurden Bühnenbilder von Wohnungen, Lokalen und Parks errichtet, die Kameras waren oft mitten im Geschehen. Das bedeutete, dass es eine spezielle Choreografie dafür gab, wann welche Kamera wo sein und wie sie das Setting wieder verlassen sollte, ohne jemals im Bild zu sein. Die Studioproben für die Aufzeichnung eines solchen 90-minütigen Theaterstücks dauerten eine Woche. Hier habe ich viel über Bildgestaltung und Bildsprache gelernt – und dass man stets konzentriert sein muss. Nur einen Augenblick zu lange auf eine Szene, eine Darstellerin geschaut, und schon geriet die Choreografie ins Wanken.

Simsalabim Bam Bum – der Barometermacher auf der Zauberinsel war wohl die größte Show, an der ich als Kabelhilfe mitwirken durfte. 1985 wagte der ORF unter der Leitung von Programmintendant Ernst Wolfram Marboe vielleicht das spektakulärste Projekt im Bereich des interaktiven Fernsehens. Es wurde das erste interaktive Fernsehspiel der Geschichte, und zwar mit enormem Aufwand.

Die Aufnahmen dauerten drei Monate und fanden zeitgleich in drei verschiedenen Fernsehstudios statt, auch außerhalb des ORF. In der sechs Folgen umfassenden Serie, die lose auf Ferdinand Raimunds *Zauberposse* basierte, wurden sämtliche heimischen Schauspieler von Rang und Namen engagiert. Zudem traten Hans Krankl, Rainhard Fendrich und Falco als Stars auf, wobei Letzterer auf einem „singenden" Kamel reiten musste. Als er seinen Gesangspart („Rock me Amadeus") aufnahm, war das Kamel aber lauter als der österreichische Popstar. Die Aufzeichnung musste öfter unterbrochen werden, da der Falke sich selbst nicht hören konnte – diese Ausschnitte fanden in zahlreichen Hoppala-Sendungen Niederschlag.

Verwendet wurde die damals neue Bluescreen-Technik, die es ermöglicht, nachträglich Hintergründe ins Bild zu schneiden. So wurde etwa auch ein dreibeiniger Elefanten hinzugefügt: Um sicherzustellen, dass der Elefant in der Geschichte nur drei Beine hatte, wurde ihm ein blauer Strumpf angezogen und das Bein dann mithilfe der Bluescreen-Technik „wegetrickst". Für diese einfache Szene brauchten wir einen ganzen Drehtag, denn der Elefant mochte seinen Strumpf überhaupt nicht und versuchte ihn immer wieder auszuziehen. Er wirkte, als hätte er Freude daran, sich zu „entkleiden".

Simsalabim Bam Bum-*Dreharbeiten mit „dreibeinigem" Elefanten*

Sogar ein Leopard spielte eine Rolle – diese Szenen waren komplizierter, obwohl es sich um einen Filmleoparden handelte, der an Dreharbeiten gewöhnt war. Zunächst betrat er ganz brav an der Leine das Studio und ließ sich von Hauptdarsteller Christian Bösch sogar kraulen. Nur eine kleine Anzahl an Personen durfte im Studio bleiben, um das Tier nicht unnötig zu stressen: drei Kameraleute, zwei Kabelhilfen und der „Barometermacher" Christian Boesch.

Sobald jedoch gedreht wurde, war der Leopard nicht mehr so zahm: Er fauchte und war nur schwer zum Gehen zu bewegen. Der Tiertrainer injizierte der Wildkatze daraufhin eine Beruhigungsspritze. Das führte dazu, dass der Leopard ab diesem Zeitpunkt nur noch lethargisch dalag und noch weniger dazu zu bringen war, mitzumachen. Das Aufzeichnen dieser Szene wurde also auf den folgenden Tag verlegt, und am nächsten Tag warteten alle gespannt darauf, wie der Leopard so drauf wäre. Wohl auch aufgrund der Erfahrung vom Vortag war seine Laune gar nicht gut: Er fauchte schon beim Anblick des „blauen" Studios und der Scheinwerfer. Beim Betreten des Studios riss er sich los und versteckte sich hinter der blauen Stoffwand. Der

Versuch des Tiertrainers, ihn einzufangen, führte dazu, dass der Leopard noch grantiger wurde und wir nur noch die Krallen sahen, die an der Wand beträchtliche Spuren hinterließen. Der Leopard konnte schließlich sogar durch die offene Studiotür fliehen. Er kam jedoch nicht weit, denn die anschließende Tür zum Nebenstudio, wo gerade die berühmte Tiersendung *Wer will mich?* aufgezeichnet wurde, war glücklicherweise verschlossen. Und diesen Leoparden hätte sicher niemand gewollt. Damit war unser Drehtag erledigt, da der Hintergrund zunächst ersetzt werden musste.

Gepard mit Christian Boesch & Tiertrainer vor der Aufzeichnung

Damals wurden die jeweiligen Szenen und die Hintergründe auf neuartige Bildplatten eingespielt, die Vorgänger der CD-ROM. Die Kombination von Figuren aus unterschiedlichsten Hintergründen wurde durch Bildplattenspieler ermöglicht, die in Millisekunden Abläufe zusammenfügen konnten – und das weltweit zum ersten Mal im Fernsehen. Das Fernsehspiel fand vor der Kulisse eines nachgebauten Theaters statt, und 280 Kinder im Publikum trafen Entscheidungen über Kulissen, Kostüme und Musikauswahl. Doch der erwartete Erfolg trat nicht ein. Für uns Mitarbeiter war das eine herbe Enttäuschung, nachdem so viel Arbeitszeit und Herzblut in diese Produktion geflossen waren.

„ICH SEH, ICH SEH … WAS DU NICHT SIEHST“

1986 machte ich den nächsten beruflichen Schritt: von der Kabelhilfe zum Inspizienten. Das heißt, ich war nicht nur bei Fernsehaufzeichnungen und Livesendungen dabei, sondern auch schon bei Proben. Inspizienten achten darauf, dass in den von der Regie festgelegten Momenten die richtigen Auftritte, Einsätze, Bühnenwechsel und so weiter erfolgen. Sie sind dafür verantwortlich, dass alle Requisiten an den richtigen Positionen sind, dass Drehzeiten eingehalten werden, und sie überblicken den Anfang und das Ende von Pausen. Die siebenteilige Serie *Die Wahrsagerin* mit Ingrid Burkhard in der Hauptrolle war meine erste größere Produktion als Inspizient.

In der Nacht vor meinem ersten Einsatz konnte ich vor Aufregung nicht einschlafen. Ich hatte zwar Inspizienten bei diversen Fernsehsendungen beobachten können, trotzdem lag ich im Bett wach und grübelte: Was, wenn ich morgen versage? Was, wenn alle merken, dass ich das zum ersten Mal mache und ich der Aufgabe nicht gewachsen bin?

Die Zeit wollte einfach nicht vergehen, und ich fieberte der ersten Stellprobe entgegen – jener Probe, bei der Positionen, Raumgrößen, Bewegungsabläufe, Handlungen, Auftritte und Abgänge der Schauspieler festgelegt werden. Unsere fanden im Schloss Wilhelminenberg statt.

Ich war sehr nervös, denn ich hatte plötzlich ein Team um mich, das das nicht zum ersten Mal machte, und ich wollte nichts falsch machen. Ich war mit Klebeband in unterschiedlichen Farben ausgestattet, um nötigenfalls wichtige Positionen zu markieren. Ich achtete auf alles, um nur ja nichts zu verpassen. Die Hauptdarstellerin Ingrid Burkhard durchschaute trotzdem sofort, dass ich neu in diesem Metier war, da ich sie von Anfang an siezte. Schon fast mütterlich meinte sie: „Ich bin die Ingrid. Wir sind hier alle per Du. Und wir machen das schon. Du wirst sehen, wir sind alle ganz nett hier!“

Ingrid Burkhard als „Wahrsagerin“

Ingrid Burkhard war eigentlich Theaterschauspielerin – im Theater in der Josefstadt und auch im Burgtheater. Der Durchbruch gelang ihr 1975 aber mit einer Fernsehrolle. In *Ein echter Wiener geht nicht unter* war sie als Toni Sackbauer die Partnerin von Karl Merkatz. Sie wurde später mit dem Deutschen Fernsehpreis, dem Diagonale-Schauspielpreis und dem Österreichischen Filmpreis als beste Hauptdarstellerin ausgezeichnet. Ich habe sie als warmherzigen und hilfsbereiten Menschen kennengelernt. Sie war aber auch eine genaue Proberin, immerhin war sie schon damals ein Fernsehstar, ließ das die anderen am Set aber nicht spüren. Im Gegenteil: Sie war äußerst hilfsbereit, wenn Kollegen Schwierigkeiten hatten, und immer darum bemüht, eine Lösung zu finden, wenn sich Änderungen aufgrund technischer Rahmenbedingungen ergaben. Oft hinterfragte sie Textzeilen. War sie mit einer gespielten Situation unzufrieden, meinte der Regisseur Alois Hawlik nur: „Probier's doch mal so." Und wenn die Hauptdarstellerin dann noch immer nicht glücklich war, half eine Rauchpause. Die waren für Ingrid Burkhard damals ganz wichtig. Danach ging alles gleich viel leichter.

Während wir damals die ersten drei Episoden probten, wurde in einem ORF Studio inzwischen die Kulisse einer Wohnung aufgebaut. Diese war in Brauntönen gehalten; das Arbeitszimmer war heller als alle anderen Zimmer und führte direkt in einen Garten. Die Einrichtung war gediegen – keine Spur von modernen Möbeln. Die Wohnung passte zum Charakter der Wahrsagerin: Sie sollte auf der einen Seite strukturiert, aber auf der anderen Seite auch chaotisch sein. Und gleich zu Beginn wurde deutlich: Die Schauspieler kamen mit den Dimensionen sofort gut zurecht und bewältigten die Gänge in der Wohnung problemlos. Nur die drei Kameras, die das Geschehen festhalten sollten, entpuppten sich als Hindernisse, denn sie waren groß und breit und damit öfter im Weg, und nicht alles lief dann wie „trocken", also ohne Technik, geprobt ab.

Ich traf Ingrid Burkhard auch später noch öfter, und wir haben dabei immer wieder Geschichten aus den Dreharbeiten mit der Wahrsagerin aufleben lassen, wie etwa in der Chaos-Episode „Die Sterne lügen nicht" – dort widerfährt dem Hausangestellten Alois, dargestellt von Herbert Pendl, eine Reihe von Missgeschicken, unter anderem explodiert der Sicherungskasten, oder es kommt zu einem Wasserrohrbruch. Die Wände waren für den Dreh so vorbereitet, dass Wasser aus mehreren Öffnungen gleichzeitig spritzte. Doch beim ersten Versuch waren es dem Regisseur nicht genug Löcher. Beim zweiten war der Druck des Wassers zu niedrig. Beim dritten Versuch waren die Kameraleute, der Regisseur, die Regieassistentin und ich dann schon mit Ölzeug und Regenmänteln ausgestattet. Man fühlte sich wie in einem Springbrunnen. Und nein, das Wasser war nicht temperiert. Es kam ja frisch aus der Leitung.

Nasse Dreharbeiten zur ORF-Serie Die Wahrsagerin

Die Wasserspiele gefielen dem Regisseur, Herbert Pendl mochte sie weniger, da er bei jedem Take die volle Wasserladung abbekam. Die Aufnahmen dieser Szene nahmen den ganzen Nachmittag in Anspruch, und letztlich waren wir froh, dass wir es hinter uns hatten, denn trotz der Regenmäntel waren Hosen, Schuhe und sogar Socken komplett durchnässt – und Herbert Pendl war am darauffolgenden Tag krank!

Ich hatte neben all meinen Jobs auch in meinem Studium gute Fortschritte gemacht, und es wurde Zeit, ein Thema für meine Dissertation zu finden. Was bot sich da mehr an, als ein Thema aus dem Bereich des Fernsehens zu wählen? Ich unterbreitete meinem Doktorvater Roland Burkart also den Vorschlag, über die Darstellung von Gewalt in Krimis zu schreiben. Er hatte nichts dagegen, und so einigten wir uns auf das Thema *Gewaltdarstellungen in Spielfilmen und Serien des Fernsehens* – eine Inhaltsanalyse von deutschsprachigen Produktionen.

Schauspieler Herbert Pendl bei „explosiven" Dreharbeiten zu der ORF-Sendung Die Wahrsagerin

ÖSTERREICH IM IN- UND AUSLAND

Ich hatte mein Studium fortgesetzt, obwohl ich immer mehr Jobs beim ORF hatte, die auch längere Arbeitszeiten mit sich brachten. Ich war als freier Mitarbeiter tätig, was bedeutete, dass ich etwa 140 Arbeitstage im Jahr zur Verfügung hatte und danach entweder pausieren oder einen Job außerhalb des ORF suchen musste. Dies geschah im Jahr 1986. Eine Produktionsleiterin beim ORF hatte gehört, dass die Firma Fernsehfilmproduktion Dr. Heinz Scheiderbauer nach Gestaltern und einem Regieassistenten für ein Fernsehmagazin suchte. Ich bewarb mich, ohne zu wissen, wonach genau gesucht wurde, und traf Harald Sicheritz im Büro in Wien-Dornbach, wo er gerade mit dem dänischen Regisseur Freddy V. Iversen an der Konzeption des englischsprachigen Magazins *Hello Austria, Hello Vienna* arbeitete. In der Sendung sollte es vor allem darum gehen, die Schönheit Österreichs herauszustreichen und das Image unseres Landes zu verbessern, das unter Kurt Waldheims Präsidentschaft einige Schrammen bekommen hatte.

Ich hatte keinerlei Erfahrung als Regieassistent, hatte durchs Zuschauen aber einen gewissen Eindruck davon, was in Fernsehproduktionen ungefähr deren Aufgabe war. Von Anfang an verstand ich mich gut mit Sicheritz und Iversen und erhielt bereits zwei Tage nach dem Jobinterview meine erste Aufgabe: eine „Signation" für das Magazin zu entwerfen. Ich war ahnungslos, was das bedeutete, erhielt einige Aufzeichnungsbänder und wurde zu einer Video-Bearbeitungsfirma weitergeleitet, wo schon zwei Cutter und ein Grafiker auf mich warteten: Ingrid Kollmer, Wolfgang Hausleitner und Klaus Krall waren meine Rettungsanker. Alle drei wurden später zu Meistern ihres Fachs in der Film- und Fernsehbranche, ihr Können haben sie schon damals bewiesen.

Anstatt es mit einem Bluff zu versuchen, gestand ich lieber sofort, dass ich nicht wusste, was ich eigentlich tun sollte. Meine Offenheit wurde mit einem Schmunzeln quittiert: „Also gut, wir gehen es wie bei Freddy Iversen an. Wir schneiden, was wir uns vorstellen, und du gibst dann Bescheid, ob es dir gefällt oder nicht. Hinter dir steht dein Regietisch, setz dich hin, das wird jetzt ein bisschen dauern."

Die Signationmusik war vorhanden, ebenso die animierten Grafiken. Es mussten nur noch passende Tourismusbilder eingebaut werden. Nach wenigen Stunden war die erste Version fertig. Die Signation gefiel mir, aber ich war nicht ganz sicher, was ich sagen sollte. „Ja, super" schien mir passend, aber dann kam mir der Gedanke, dass es vielleicht doch besser wäre, nicht sofort ein Urteil abzugeben, und so fing ich an zu diskutieren: „Der Stephansdom als erstes Bild, hmm, ich weiß nicht" und: „Warum nicht die Lipizzaner?", „Warum nicht zuerst Schönbrunn?" Bei einer Tasse Kaffee wurden meine Gedanken angehört, Argumente gewechselt – und dann ging es an die neue Signation. Eine weitere Stunde später war auch die fertig. Obwohl ich nicht wusste, weshalb, gefiel sie mir besser. Und das ist auch etwas, das ich Praktikanten immer zu vermitteln versucht habe: Natürlich kann man grundlegende gestalterische Prinzipien lernen, wie zum Beispiel, dass es wichtig ist, gleich große Gesichter, die in dieselbe Richtung schauen, nicht direkt aufeinander zu schneiden, sondern ein Zwischenschnitt notwendig ist. Das Wichtigste bleibt jedoch: Vertraue deinem Bauchgefühl! Wenn etwas nicht in Ordnung ist, erkennt man das sofort und sollte eine Anpassung vornehmen. Wenn etwas gefällt, lässt man es, wie es ist, denn dann ist es (meist) gut.

Wir riefen also Freddy Iversen an, um die Signation absegnen zu lassen, und etwa eine Stunde später war das Warten vorbei: Er kam, setzte sich an den Regietisch, sah sich unser Werk an, einmal, zweimal – die Signation war nur 20 Sekunden lang, aber für mich fühlte sich die Zeit sehr lang an. Minuten. Schlussendlich war er aber zufrieden, und ich hatte meinen ersten Job als Regieassistent – und fand wenig später heraus, was denn nun die genauen Aufgaben der Regieassistenten waren.

Sie unterstützen Regisseure und Regisseurinnen in Theater-, Film- oder Fernsehproduktionen, übernehmen organisatorische, künstlerische oder technische Aufgaben und koordinieren den Ablauf einer Produktion. Anfänglich bekam ich zusätzlich die Möglichkeit, an kleineren Archivbeiträgen zu arbeiten. Das bedeutete, Beiträge aus verschiedenen ORF-Sendungen, die die Grundlage von *Hello Austria, Hello Vienna* waren, zu kürzen, mit neuer Musik zu versehen und einen neuen Text hinzuzufügen. Den Text hat anschließend Ellen Huber ins Englische übertragen.

Drehrarbeiten zu Hello Austria, Hello Vienna *mit Regisseur & Publizist Axel Corti, Moderatorin Ellen Huber & Regisseur Freddy V. Iversen*

Auf dieses Magazin wurde der ORF-Redakteur Hans Kronberger aufmerksam. Er entwickelte gerade den *Ferienexpress*, ein Tourismus-Fernsehmagazin, das ähnlich wie *Hello Austria, Hello Vienna* die Schönheiten Österreichs und Deutschlands zeigen sollte. Er holte mich zurück in den ORF, wo die Nachmittagssendung in den Sommerferien von Montag bis Freitag ausgestrahlt wurde. Ziel war es, kranken oder daheimgebliebenen Zuschauern die freien Tage ein wenig angenehmer zu gestalten. Es gab jeweils wöchentlich ein Moderatorenteam, zu dem auch Elisabeth Engstler oder Peter Rapp gehörten, die das Programm präsentierten. Zwischen Montag und Donnerstag wurden Interviews, Veranstaltungstipps, Ferienhinweise, Einspieler und Musikdarbietungen gezeigt. Hierfür wurden prominente Gäste mit einer Show-Darbietung eingeladen. Unterwegs war das ORF-Team mit mehreren Lastkraftwagen quer durch Österreich und sendete jede Woche live aus einem anderen Bundesland. Ich wurde 1988 engagiert, um die Einspieler über den jeweiligen Ort zu erstellen, aus dem die Sendung kam. Zudem sollten lokale Persönlichkeiten und Besonderheiten vorgestellt werden.

Ich war nun ein sogenannter redaktioneller Mitarbeiter, und mein erster Dreh fand in Tirol statt. An einem Sonntag im Mai nahm ich deshalb den Autozug nach Innsbruck und fuhr dann weiter ins Pitztal. Schon während der nächtlichen Hinfahrt setzte starker Regen ein, und als ich am nächsten Morgen im Hotel aufwachte, schien zwar die Sonne, aber es war über Nacht ein halber Meter Schnee gefallen. Ein Horror, denn nicht nur hatte ich keine Winterkleidung dabei, ich sollte auch noch „Sommeraufnahmen" drehen, da das Liveteam erst im Juli hier eintreffen würde. Also harrte ich zwei Tage im Hotel aus, bis der Schnee so weit geschmolzen war, dass man wenigstens grüne Wiesen sehen konnte. Es war hilfreich, dass ich sowohl im Tal als auch auf dem Gletscher drehen musste, dadurch gab es nur wenig Stillstand beim Produzieren der Geschichte. Ich habe noch lebhafte Erinnerungen an eine Aufnahme bei einem Bergbauern. Er lebte in einer traumhaften Holzhütte, wie man sie sich vorstellt: Holzschnitzkunst, Holzofen, rustikale Einrichtungsgegenstände – es gab großartige Motive. Im Gespräch äußerte der Bergbauer, dass sein Vater diese Hütte erbaut hatte und er deshalb der geeignetere Gesprächspartner für das Interview sei. Ich nahm dieses Angebot dankbar an.

Dreharbeiten zum ORF Ferienexpress *am Pitztaler Gletscher*

Selten habe ich so wenig verstanden wie bei diesem Interview: Im tiefsten Tiroler Dialekt erhielt ich Antworten, die für mich wie Französisch klangen – und ich kann kein Französisch. Schon bei der dritten Frage kam mir auf einmal der Gedanke: „Was, wenn er diese Frage schon vorher beantwortet hat? Der muss ja denken, ich bin verrückt …“ Aus Sekunden wurden Minuten, aus Minuten Viertelstunden, es kam mir vor, als würde die Zeit stillstehen. Hatte ich alle Antworten auf meine Fragen und genug Material für meine Geschichte? Am Ende des Interviews war ich durchgeschwitzt, mein Kameramann, ein Tiroler, meinte noch: „Ein tolles Interview, der hat ja super erzählt.“ Auf der Rückfahrt ins Hotel habe ich ihn um eine Zusammenfassung gebeten.

Da der *Ferienexpress* eine Open-Air-Livesendung war, waren wir vom Wetter abhängig und zeichneten deshalb für alle Fälle zwei „Reservesendungen“ in Wien auf. Wir hatten jedoch den Ehrgeiz, uns auch bei Unwettern zumindest kurz live von vor Ort zu melden, um den Zuschauern ein Bild von der aktuellen Wetterlage zu liefern und zu erklären, warum wir jetzt eine Ersatzsendung zeigen würden. So geschehen an einem Tag im Freibad von Bruck an der Mur: Kurz vor Sendungsbeginn begann ein heftiges Unwetter. Es ist mir noch wie heute in Erinnerung, dass sich unsere Moderatoren Elisabeth Engstler und Karlhannes Planton mit einem sogenannten Liveeinstieg meldeten, während im Hintergrund bereits Bäume umknickten. Unwetter scheinen in meinem beruflichen Werdegang immer wieder aufzutauchen ...

Der *Ferienexpress* sorgte immer wieder für spektakuläre Ereignisse – manchmal auch mit Verlusten. So wurde im Juli 1988 bei der Sendung am Pitztaler Gletscher die damals neue Sportart des Gletscher-Raftings vorgestellt. Auf Schnee sauste man in einem normalen Schlauchboot einen steilen Abhang hinunter. Der Bremser und der Lenker saßen vorne, während die „Passagiere" hinten waren. Eine davon war unsere Moderatorin Elisabeth Engstler. Anders als bei den Proben war die Schlauchboot-Crew jedoch übermotiviert und integrierte sogar einen Sprung in die Fahrt. Das Boot flog gut fünf Meter durch die Luft – und fuhr nach der Landung in eine andere Richtung weiter als bei den Proben.

Da wir vier Kameras im Einsatz hatten, war das an sich kein Problem, denn der Regisseur hatte die Blickwinkel so gewählt, dass auf jeden Fall alles eingefangen wurde. Im Schlauchboot sitzend kommentierte Elisabeth Engstler ihre Fahrt. Nach einem Sprung über eine Schanze überschlug sich ihre Stimme, und das Schlauchboot steuerte plötzlich unaufhaltsam auf unsere Zielkamera zu. Der Assistent und der Kameramann konnten gerade noch zur Seite hechten, doch die Kamera wurde direkt getroffen und war kaputt. Glück im Unglück: Es gab keine Verletzten, aber alle hatten einen riesigen Schreck bekommen – und wir mehr als spektakuläre Aufnahmen. Damit schafften wir es noch Jahre später in die erfolgreiche Hauptabendsendung *Hoppala*.

1988 war ein gutes Jahr, nicht nur beruflich. Im Herbst und Winter fanden meine Abschlussrigorosen statt, und ich erlangte meinen Doktortitel. Meine Mutter war sehr stolz und glücklich. Der Sohn, hatte doch etwas „G'scheites" gelernt.

LIVE UM EINEN BAUM

Durch den *Ferienexpress* lernte ich die Regisseure Wolfgang Speiser und Gebhard Wimmer kennen und kam durch sie zum ersten live durchmoderierten Kindernachmittagsprogramm des ORF. Man sieht: Nicht nur hart arbeiten ist beim Fernsehen wichtig, man braucht auch das Glück, dass immer die richtige oder eine neue Tür aufgeht. Und ich war immer gewillt, durch diese Türen zu gehen und Chancen zu ergreifen. Mit dem Ende des Studiums kam jedoch auch der Zivildienst, den ich im Ellen-Hagen-Haus in der Hinterbrühl bei Senioren antreten musste. Exakt zu dem Zeitpunkt, als die Kindersendung *Ich und Du* startete, die ab 1989 von Montag bis Freitag zwischen 15.00 und 17.00 Uhr ausgestrahlt wurde.

Da diese Sendeform neu war, existierte zwar ein Konzept, aber kein Team dafür. Wolfgang Speiser und Gebhard Wimmer haben es entwickelt – die Idee bestand darin, dass sich täglich Kinder um einen Baum versammelten und dort auf Gleichaltrige wie auch Erwachsene trafen, um mit ihnen über die Welt zu diskutieren. Für die jeweils 25 Minuten dauernden Liveblöcke, die durch Serien unterbrochen wurden, wurden Redakteure und Gestalter gesucht.

Natürlich wollte ich das Angebot, mitzumachen, annehmen – musste jedoch zugeben, dass ich gerade Zivildienst leistete. Wolfgang Speiser betrachtete das recht pragmatisch. „Traust du dir zu, beides zu machen?“, fragte er mich, und ohne nachzudenken, antwortete ich mit Ja. Und so vergingen die folgenden acht Monate mit wenig Schlaf. In der Seniorenresidenz konnte ich viele Nachtdienste übernehmen, da diese bei den Mitarbeitern sowieso nicht sehr begehrt waren. Um 6.00 Uhr früh ging's nach dem Dienst zum Frühstücken und Duschen nach Hause und dann direkt weiter ins ORF-Zentrum zum Kinderprogramm.

Rückblickend war das die perfekte Abwechslung, die es mir ermöglichte, meine Zivildienstzeit problemlos zu überstehen, da ich dadurch zu dieser Zeit nicht nur mit älteren Menschen zu tun hatte. Allerdings war es mir kaum möglich, an Redaktionssitzungen oder Liveübertragungen teilzunehmen, da diese oft mit meinen Zivildienstzeiten zusammenfielen. Wolfgang Speiser unterstützte mich, ganz nach dem Motto: „Solange du deiner Arbeit gerecht wirst, sehe ich keinen Grund zu handeln." Die damalige Hauptabteilungsleiterin Trautl Brandstaller stellte erst vier Monate nach Beginn der Sendung (und meines Zivildienstes) die Frage: „Wer ist dieser Löffelmann eigentlich? Und weshalb treffe ich den nie?" Da flog das doppelte Spiel auf. Und erneut war es Speiser, der mich unterstützte und sagte: „In den letzten vier Monaten gab es keinen Anlass zur Klage – wir sollten die nächsten vier Monate auch durchziehen."

Zu dieser Zeit erhielten wir auch einen Redaktionsleiter: Edgar Böhm, der zu Beginn der Sendung im Urlaub gewesen war und deshalb erst jetzt zum Team stieß. Damit fand die Wiedervereinigung des Duos Böhm und Speiser statt. Beide hatten schon die Verantwortung für erfolgreiche Fernsehformate wie *Das Quiz in rot-weiß-rot* innegehabt. Böhm übernahm fortan die Verantwortung für den Inhalt, und Speiser kümmerte sich, gemeinsam mit Gebhard Wimmer, um die visuelle Umsetzung

Zu Beginn hatten wir nur ein kleines, drei mal drei Meter großes Produktionsbüro, in dem wir uns trafen und Geschichten überlegten. Zwei Telefone für sechs Redakteure. Viele Gespräche fanden in der Kantine statt. Die Post, die wir bekamen, und unsere Unterlagen stapelten wir in Waschkörben am Gang vor dem Produktionsbüro. Alles sehr improvisiert. Bis eines Tages der Programmintendant Ernst Wolfram Marboe vorbeikam. Er war am Weg zu einer Fernsehaufzeichnung, sah die Waschkörbe und schüttelte nur den Kopf. „Was soll denn das?", brummte er. Wir erklärten, dass wir im Produktionsbüro leider keinen Platz für die Wäschekörbe hatten und sie deshalb auf dem Gang standen. „Das geht so nicht", urteilte er wenig erfreut und ging weiter seines Weges. Eine Woche später hatten wir „echte" Redaktionsbüros.

Dort dachten wir uns verschiedene Sendungen aus, die in Nachfolge-Kinderprogrammformaten immer wieder vorkamen. Die von mir betreuten Sendungen trugen die Titel *Mini-Lexikon* und *Mini-Treff*. *Mini-Lexikon* war eine Sendung, in der Kinder und Jugendliche Experten zu einem Thema treffen und sie dazu befragen konnten: Aids war damals ein wichtiges Thema, aber wir hatten auch Weltraumfahrt und Indianer – damals durfte man das noch sagen – als Themen. Wir wollten kein belehrendes Fernsehen für Kinder machen, sondern versuchten immer, mit Studioaktionen Aufmerksamkeit zu erreichen, am liebsten mit Versuchen, bei denen es geknallt und gestunken hat. Wir zeigten zum Beispiel, was passiert, wenn man Schwedenbomben in die Mikrowelle gibt, oder wie man weiße Blumen mit Lebensmittelfarben einfärben kann. In andere Sendungen luden wir Experten ein, die manchmal auch mit tierischer Begleitung eintrafen – auch ein Babyelefant war mal unser „Studiogast".

ELISABETH ENGSTLER SCHREIBT DAZU

Es ist ja nicht zu glauben, aber Günther Löffelmann und ich kennen einander schon seit der Zeit, in der das Kinderprogramm noch *Ich und Du* geheißen hat. Da das laut meinem Kalender auch schon knapp 40 Jahre her ist, muss es damals beim ORF noch Kinderarbeit gegeben haben. Anders geht sich das ja gar nicht aus. Also zumindest, was uns beide betrifft.

Ich erinnere mich an diesen unglaublichen Baum im Studio, es ist vieles spontan passiert, und manchmal musste man improvisieren. Beim Kinderprogramm konnte eigentlich nix passieren, weil mit Kindern bist du immer auf der Gewinnerseite. Der

Charme, das Lachen begeisterten damals unser Fernsehpublikum. Viele Kinder haben das gesehen. „Ich habe Sie schon bei *Ich und Du* gesehen. Das habe ich als Kind immer so gerne geschaut", sagt das vor mir stehende Kind mit knapp 50 Jahren.

Wo Kinder sind, sind Tiere nicht weit, und: Das Thema Tiergarten bringt die Augen unserer kleinen Freunde immer wieder zum Leuchten. So begab es sich, dass eines Tages ein Direktor eines solchen Tierparks kam, und er kam nicht alleine, sondern mit einem kleinen Elefanten. Ein Babyelefant, der allerdings auch schon so seine 100 Kilo wog, aber für die beliebten Dickhäuter war er noch eher ein Fliegengewicht. Er hat gut gegessen und getrunken und hat sich sehr wohl gefühlt.

Während des Interviews hörte ich auf einmal einen leisen Ton, wie wenn ein Luftballon Luft verlieren würde. Dem war auch so, nur die Luft kam aus dem Babyelefanten, und es strömte nur so dahin. Unabhängig davon, dass sich die Luftverhältnisse im Studio drastisch geändert haben, musste ich versuchen, das Gespräch ohne Lachen zu beenden. Es ist alles gelungen, aber für mich war es der längste Furz, den ich je gehört habe. Wie sagt der Volksmund so schön: „Wenn's Ärschlein brummt, is' Herzerl g'sund!"

AUSPROBIEREN

In der Sendung *Mini-Treff* hatten die Studiokinder und -jugendlichen stets die Möglichkeit, auf Prominente zu treffen. Es handelte sich um bekannte Persönlichkeiten, die bei den Kindern und Jugendlichen beliebt waren, wie etwa die EAV (deren Bekanntheitsgrad bei den 12-Jährigen zu dieser Zeit 100 Prozent betrug) sowie Uschi Glas oder Karlheinz Böhm. Der große Vorteil für mich als Redakteur war, dass diese Sendungen immer vorbereitet werden und ich so unabhängig vom Zivildienst meine Arbeit im Fernsehen realisieren konnte. Prominente kamen alle gratis in unsere Sendung und erhielten kostenlose Werbung für sich und ein Produkt, wie ein neues Album – es war ein Geben und Nehmen. Der Bekanntheitsgrad und der Erfolg eines Künstlers waren stets Grundlagen für eine Einladung. Dabei kam es zu einer meiner größten Fehleinschätzungen: Mir wurde die Anfrage gestellt, ob wir nicht die Kelly Family in den *Mini-Treff* einladen wollen. Auch wenn ich die Gruppe kannte, konnte man zu diesem Zeitpunkt noch nicht wirklich von Erfolg sprechen. Sie waren weiterhin als Straßenmusiker aktiv, und so habe ich sie mit den Worten abgelehnt: „Die kennt doch keiner, und ich glaube nicht, dass wir die geeignete Sendung für Straßenmusikanten sind." Mein Fehler zeigte sich schon einige Wochen später mit ihrem ersten Nummer-1-Hit: Nach „An Angel" war es unmöglich, die Band je ins Studio zu bekommen. Erst Jahre später traf ich Angelo und Paddy Kelly und gestand ihnen meine falsche Einschätzung. Beide lachten und sagten, ich sei damit nicht allein gewesen.

Die 1990er-Jahre waren eine Art „goldene Zeit" des Fernsehmachens für uns. Wir hatten die Gelegenheit, einfach Ideen auszuprobieren. Sendungen wurden nicht pilotiert oder getestet. Neue Programmideen haben wir einfach live on air ausprobiert. Gab es negative

Zuschauerreaktionen, hat man die Sendung verändert oder abgesetzt. Der Fernsehprofi Günter Tolar meinte dazu einmal in einer Sitzung: „Wir in der Unterhaltung zelebrieren Hochaltäre, ihr macht Fernsehen so, wie es sich gehört."

Ich konnte zu dieser Zeit auch meine ersten Gehversuche als Studioregisseur unternehmen. Der Fernsehregisseur Gebhard Wimmer – ihn kannte ich ebenfalls vom *Ferienexpress* – lernte mich an und brachte mir viel bei.

Regisseure spielen eine wichtige Rolle im Produktionsprozess von Fernsehsendungen, da sie Schauspieler und Moderatoren lenken, Kamerapositionen und -winkel koordinieren und sich mit Redaktionen und Produktionsleitern abstimmen, um sicherzustellen, dass sie den Gesamtstil und Ton einer Sendung einfangen. Sie geben einer Sendung nicht nur ein Gesicht, sondern dem Moderator – im Idealfall – auch das Gefühl der Sicherheit, in jeder Sekunde spontan das tun zu können, was er gerade für richtig hält. Der Fernsehregisseur ist auch der kreative Leiter der von ihm betreuten Sendung. Seine größte Aufgabe besteht in der Inszenierung der Mitwirkenden, seien es Schauspieler, auftretende Künstler oder Gäste einer Talkshow. Spezialisierungen ergeben sich in diesem Berufsfeld nach Art der betreuten Sendungen. So gibt es Fernsehregisseure, die spezialisiert auf Livesendungen sind, andere wiederum auf Magazine oder Sportformate.

Für mich bedeutete die neue Position auch eine Änderung im hierarchischen Rollengefüge. Bisher war ich ein gleichwertiger Redaktionspartner und Gestalter gewesen – plötzlich musste ich denselben Menschen Kommandos geben und das Team führen. Ich hatte jedoch das Glück, von Anfang an auf Teamplayer zu stoßen. Kein Bildmeister, kein Kameramann, kein Tonmeister ließ mich auflaufen. Im Gegenteil: Die meisten kannten mich noch aus meiner Kabelhilfezeit und unterstützten mich in meinen Liveregie-Bemühungen. Ich erinnere mich noch an meine feuchten Hände, das leichte Herzrasen und meinen trockenen Mund bei meiner ersten Studioregie. Ich traute mich kaum, die Kameras bewegen zu lassen, damit nur ja nichts passierte. Doch nach der ersten Sendung wusste ich: Ich gehörte zu diesem Zeitpunkt meines Leben genau dorthin. Ich war angefixt – der Idealzustand war für mich eine Kombination aus inhaltlicher Redaktions- und Regietätigkeit. Und musste ich mir doch einmal Gehör verschaffen, gelang mir dies mit dem Satz: „Wenn der Kuchen spricht, haben die Krümel Pause!"

Den Regiealltag übte ich bei einer eigenen Programmidee. Sie beinhaltete einen Fauteuil und einen Prominenten, der darin saß, Märchen vorlas und von drei Kameras gefilmt wurde. Meine Intention war dabei, den jüngeren Kindern, denen zu Hause noch vorgelesen wurde, eine passende Sendung anzubieten. Dieses Sendeformat erlaubte es, unabhängig von einem Studio zu produzieren, da man den Ohrensessel an jeden Ort bringen konnte, wo eine Berühmtheit ein Märchen vorlesen wollte. Die Sendung trug den Titel *Es war einmal …* und hatte eine Länge zwischen sieben und zehn Minuten.

Für die erste Folge hatte ich als prominente Person keinen Geringeren als Hans Joachim Kulenkampff eingeladen. Eine TV-Legende. Man muss wissen, ich hatte eine „Bucketlist" von Personen, die ich unbedingt treffen und kennenlernen wollte. Und „Kuli", wie er in der Branche liebevoll und ehrfürchtig genannt wurde, stand darauf. Eine Zeitung betitelte ihn einmal als „eine Lichtgestalt der deutschen Unterhaltungskultur". Der Filmschauspieler, Fernsehmoderator und Quizmaster verkörperte den sympathischen Mitmenschen – unerschütterlich optimistisch, selbstironisch und bürgerlich.

Eigentlich war Kulenkampff ja Schauspieler, und als solcher beanspruchte er in jeder Show einen kleinen Sketch-Auftritt. Einmal war er Göttervater Zeus, ein anderes Mal sang er mit Beatles-Perücke. Millionen von Fernsehzuschauern lockte er am Samstagabend über Jahrzehnte hinweg mit dem Quiz *Einer wird gewinnen* vor die Fernsehgeräte, mich ebenfalls. Mit der Sendung, in der je acht Kandidaten aus verschiedenen europäischen Ländern gegeneinander antraten, wurde er in den 60er-, 70er- und 80er-Jahren zum unbestrittenen König der Samstagabendunterhaltung, mit traumhaften Einschaltquoten. Seine Spontaneität war seine Stärke, aber gleichzeitig auch seine Schwäche. Anzüglichkeiten in seinen Moderationen gehörten zum Repertoire der Show – heute würde er dafür einen Shitstorm ernten. 89 Folgen von EWG hat Kulenkampff von 1964 an bis zum endgültigen Ende 1987 moderiert.

Damals war er in Wien, um sein Solo-Stück *Im Zweifel für den Angeklagten* aufzuführen. Ich habe im Vorfeld angefragt, ob er in unserem Märchensessel Platz nehmen und den Kindern eine Geschichte vorlesen würde. Es war erstaunlich, dass ich bereits nach wenigen Tagen eine positive Antwort erhielt. Er, der „Kuli", wolle das sehr gerne machen. Er hielt ja schließlich auch Lesungen auf der Bühne. Er sagte ohne Gage zu, es müsse lediglich *vor* einem seiner Auftritte sein, und wir müssten seinen eigenen Maskenbildner bezahlen. Der Showmaster war nämlich kahlköpfig und an seiner Glatze durfte nur der Maskenbildner seines Vertrauens „Hand anlegen".

Am Tag der Aufzeichnung war ich sehr aufgeregt – wir ließen Kulenkampff und seinen Maskenbildner mit einem ORF-Bus vom Hotel abholen. Beide kamen gut gelaunt an, und der Star war sehr jovial. Ich muss sagen, dass die meisten namhaften Künstler sehr freundliche Menschen sind. Für die unangenehmeren Aufgaben gibt es ja Manager.

Ich begrüßte ihn mit den – aus meiner Sicht – wohlmeinenden Worten: „Schön Sie zu sehen! Ich bin mit Ihnen groß geworden!" Zu meiner Überraschung beglückte ihn das nicht, er wirkte eher genervt von meinem „Kompliment". Heute ist mir klar, dass ich ihn dadurch zum TV-Opa gemacht hatte. Auf dem Weg in Richtung Schminkraum erläuterte ich dem Showmaster, der in Salzburg lebte und aus Bremen stammte, das Konzept. Es schien ihm zu gefallen. Für seine Lesung hatte er selbst einen Text ausgewählt. Er wollte eine Kurzgeschichte mit dem Titel *Nacht im Turm* lesen.

Als er das Studio betrat, wurde es mit einem Schlag ruhig – man hätte eine Stecknadel fallen hören können. Die arrivierten Kameraleute wurden fast ehrfürchtig. Man merkte eindeutig: Da sitzt nicht irgendwer im Märchensessel. Ich ging auf den Regieplatz, atmete einmal tief durch und los ging's. Und dann geschah, was wahrscheinlich geschehen musste: Wir versäumten den zweiten Blickwechsel von Kulenkampff in eine andere Kamera. Ich brach die Aufzeichnung ab und bat um eine Wiederholung. „Kuli" fand das überhaupt nicht gut. „Der übt hier mit mir, ist mir aber egal, ich habe meine Laufbahn schon gehabt", kommentierte er. Mein Herz fing an zu klopfen. Würde er beim nächsten Fehler aufstehen und das Studio verlassen? Dann hatte zum Glück der Bildmeister einen Einfall: Wir nahmen die Kameras einzeln und getrennt auf, sodass ich im Schnitt alle Optionen hatte, Kulenkampffs Blicke und Gesten nachzubearbeiten – und er hatte alle Freiheiten. Gesagt, getan!

Die zweite Aufzeichnung verlief dann ohne Schwierigkeiten. Kulenkampff war in seinem Element. Seine Stimme verlieh dem Märchen eine ganz besondere Note. Nach knapp zehn Minuten war alles im Kasten. Kulenkampff war plötzlich beeindruckt von der Schnelligkeit der Dinge und lobte unsere Professionalität. Er blieb nicht der Einzige: Otto Waalkes, Alexander Goebel, Stefanie Hertel und noch viele mehr sollten ihm folgten.

Publikumsliebling Hans Joachim Kulenkampff

THE MOMENT OF „OH-OH"

Das ORF-Fernsehwochenende war *Ich-und-Du*-freie Zone – das bedeutete, dass dann hauptsächlich Serien und Co-Produktionen wie die Show *1, 2 oder 3* ausgestrahlt wurden. Wir wollten jedoch auch am Wochenende präsent sein und kamen daher 1992 auf die Idee von Specials: Sendungen mit einer Dauer von 25 Minuten oder mehr, die einen Blick hinter die Kulissen bieten sollten. Es kam eine andere meiner „Bucketlists" zum Einsatz, da ich neben Menschen auch Theaterproduktionen und Freizeitparks kennenlernen wollte. Als großer Fan des Musicals *Starlight Express* bedauerte ich, dass es noch niemals nach Österreich gekommen war. In Bochum hatte man dafür sogar ein eigenes Theater errichtet. Bochum galt lange als Bergbau- und Stahlhochburg – inzwischen ist es Hochschul- und Kulturstadt: Rund 40 Bühnen und Schauspielensembles sind mittlerweile zentraler Bestandteil des kulturellen Lebens.

Hier im Westen Deutschlands wird *Starlight Express* seit 1988 und bis heute aufgeführt. Das Musical stammt von Andrew Lloyd Webber und Richard Stilgoe und erzählt den Traum eines Kindes, in dem die Weltmeisterschaft der internationalen Züge ausgetragen wird. „Sei, wer du bist, und liebe, wen du willst" ist eine der zentralen Botschaften. Alle Schauspieler treten mit Rollschuhen auf, nur zwei Stuntdoubles benutzen Inlineskates.

Um einen Blick hinter die Kulissen zu werfen, erarbeitete ich ein Konzept. Ich wollte zeigen, wer die Hauptdarsteller waren, wie ihre Auswahl erfolgte, wie sich das Rollschuh-Training gestaltete, wie anstrengend die Shows waren – und wie komplex die Bühnentechnik sein musste, weil ein eigenes Theater dafür errichtet worden war. Den Verantwortlichen der Stella AG gefiel meine Idee, und es half mir, dass man gerade versuchte, österreichisches Publikum zu gewinnen.

Stella bot an, sich an den Produktionskosten zu beteiligen, was dazu führte, dass unsere Idee auch im ORF auf Interesse stieß. Für meine Kinderprogrammkollegin und Regieassistentin Claudia Kwet und mich gab es jetzt kein Halten mehr: Unsere Reportage über das Rollschuhmusical *Auf den Spuren von Starlight Express* war auf Schiene.

Am ersten Drehtag in Bochum wurden Interviews mit den Hauptdarstellern geführt und die Vorstellung mitgefilmt. Am folgenden Tag hatten wir die Möglichkeit, die Bühnentechnik zu drehen, und machten uns mit der neun Tonnen schweren Brücke vertraut, die das Herzstück der Technik ist. Sie fungiert im Stück als Start- und Zielmarkierung für das Rennen der Züge, die von Schauspielern verkörpert werden, die sich auf diese Weise auf drei Ebenen bewegen können. Die Bühne ist 1100 Quadratmeter groß, ein wichtiges Element der Show sind bewegliche Wände, die während des Zugrennens zur Sicherheit hochgefahren werden. In der Mitte des Saals hängt ein kreisförmiges Gestell, in dem vor Showbeginn Züge fahren. Immer wieder ertönt dabei eine Stimme aus dem Off, die die Spannung noch mehr steigen lässt. Man ist hautnah dabei.

Wir gehörten zu einer Gruppe von Journalisten, die an diesen Tagen Aufnahmen machten, Interviews führten und den Darstellern beim Gesangs- und Rollschuh-Training zusahen. Wer bei *Starlight Express* mitspielen will, sollte bereits Erfahrungen mit Rollschuhfahren haben – es handelt sich um Hochleistungssport, denn man muss auch singen und darf dabei nicht keuchen oder kurzatmig sein. Die Schauspieler, die damals aus Deutschland, England und den USA kamen, rasen mit einer Höchstgeschwindigkeit von 60 km/h in rund 14 Kilo schweren Kostümen über die Bühne. In den Interviews erfuhren wir, dass sie drei Monate bis zu zehn Stunden täglich trainiert hatten, bevor sie auf die Bühne durften. „Auf Rollschuhen können wir mittlerweile alles, nur aufs Klo gehen, in Kostüm und mit den Skates, ist sehr schwierig“, erzählte uns grinsend Kapa Kitchen, der die Figur Rusty spielte.

Michal Fraley war der Rollschuhtrainer, und seine Trainingsmethoden kombinierten Belohnungen mit gnadenloser Kritik. Zuckerbrot und Peitsche, wie es so schön heißt. Er berichtete, dass es vor allem am Anfang für die neuen Darsteller sehr oft den „Oh-oh-Moment" gäbe und es wichtig sei, diesen rasch zu überwinden. Keiner von uns verstand, was gemeint war. Fraley lächelte einfach nur.

Nachmittags gab es dann zur Freude des Choreografen und der Darsteller den Moment der Wahrheit für uns Journalisten: Wir durften auf die Bühne, um die Dimensionen leibhaftig zu erfahren – und zwar auf Rollschuhen, mit denen wir die weniger steilen Teile der Bühne hinabfuhren. Es wäre gut, wenn wir ein Gefühl für die Schwierigkeiten und Geschwindigkeiten bekämen, meinte der Choreograf.

Dazu muss man wissen: Ich war schon als Kind, mit Ausnahme von Fußballspielen, kein Bewegungstalent. Auf Rollschuhen war ich davor das letzte Mal im Alter von ungefähr acht Jahren gestanden, und da war es nur geradeaus gegangen und bremsen trotzdem schon schwierig gewesen. Daher war es jetzt als 30-Jähriger eine mehr als wackelige Angelegenheit, bei der ich mich gerade noch aufrecht halten konnte. Die Bahn und die leichten Steigungen von einem Meter waren mehr als einschüchternd, und wir verstanden plötzlich die Bedeutung des „moment of oh-oh": Fraley erklärte, es handle sich um den Augenblick, in dem die Schauspieler beim schnellen Bergauffahren versuchten, eine Wendung zu machen, und erkannten, dass dies nicht klappen würde, und daraufhin unsanft auf ihren Hintern landeten. In der Luft denkt man meist nur noch „Oh-oh", bevor man am Boden aufkommt. Fraley bot uns an, es auszuprobieren, aber ich war froh, dass wir dann doch nur gemächlich bergauf rollen mussten – oder den Weg auf allen Vieren bewältigen konnten.

WO IST MICKY?

Ein Jahr später reiste ich nach Florida. Die Walt Disney World feierte 20. Geburtstag und lud Fernsehteams zu einem dreitägigen Feier- und Presseevent – einem sogenannten Press Junket – ein. Der Begriff stammt aus dem Filmbusiness und meint die Einladung von Medienvertretern, die dann einen Teil der Dreharbeiten besichtigen und vor allem Interviews mit den mitwirkenden Stars führen dürfen. Junkets sind seit den 90ern ein wichtiges Marketinginstrument für Filme, meist übernimmt das Studio deshalb die Kosten und diese Veranstaltungen finden in Luxushotels in großen Städten wie Los Angeles, New York, London, Berlin, Paris oder bei Filmfestivals wie in Cannes statt. Oft werden die Starinterviews als Gruppeninterviews abgehalten, um Zeit zu sparen. Die Grenze zwischen Journalismus und Werbung wird so zum Verschwinden gebracht, weil Journalisten, die sich kritisch über Filme äußern, in der Regel einfach nicht mehr eingeladen werden.

Diesmal ging es um den Geburtstag eines der größten Themenparks der Welt: des Walt Disney World Resort, auch Walt Disney World oder einfach Disney World genannt, in der Nähe von Orlando in Florida. Das Resort umfasst vier Themenparks, wurde 1971 eröffnet und kostete bis zu seiner Fertigstellung 400 Millionen US-Dollar. Meine Kollegin Carina Suske und unser Kinderprogramm-Moderator Thomas Brezina reisten mit mir dorthin. Unsere Auswahl war durch den mittlerweile zum Redaktionsleiter aufgestiegenen Wolfgang Speiser erfolgt, weil er mochte, wie wir uns Geschichten näherten, und wir uns alle einen Tapetenwechsel gewünscht hatten. Es war purer Zufall, dass die Flüge uns einen Tag vor und einen Tag nach unseren Dreharbeiten Freizeit bescherten.

Unsere Aufgabe bestand darin, keine bloße Berichterstattung über die Feierlichkeiten zum 20-jährigen Jubiläum vorzunehmen. Wir wollten stattdessen Micky Maus treffen und eine Story über die Magie der Maus produzieren. Unsere Vorhaben stieß jedoch gleich auf Hindernisse. Es war etwa genauso schwierig, die Verantwortlichen bei Disney von unserer Idee zu überzeugen, wie ein Telefonat zwischen dem US-amerikanischen und dem russischen Präsidenten zu organisieren.

Mit Carina Suske und Thomas Brezina in der Drehpause in Walt Disney World

Dem Deutschland-Department von Disney, genauer gesagt Buena Vista International Germany, gefiel unsere Idee, man machte aber auch gleich klar, dass die amerikanischen Kollegen da nicht mitmachen würden: „Disney mag nicht, wenn man mit ihren Protagonisten eine eigene Story dreht", wurde uns gesagt. Das hieß zurück an den Start – eine neue Idee musste her.

Und die war: Wir feiern den Geburtstag mit Micky Maus und geben österreichischen Kindern die Gelegenheit, ihm Geburtstagswünsche zu übermitteln. Und siehe da: Auch die Amerikaner waren eitel, fühlten sich geschmeichelt von der Anerkennung durch Österreich und genehmigten die Idee. Unseren Dreh mit Micky Maus mussten wir aber auf ein Minimum reduzieren. Man gab uns genau 20 Minuten mit der Figur. Dies hatte vor allem arbeitsrechtliche Gründe, da es Schauspielern im Kostüm nicht erlaubt war, damit länger zu agieren, und sie immer mehrere Stunden pausieren mussten. Wir mussten außerdem im Gegenzug einräumen, dass wir die Feierlichkeit in unserer 45-minütigen Sondersendung angemessen würdigten. Es galt daher, einen Spagat zwischen den offiziellen Programmpunkten und der Spielhandlung zu machen.

Während des Hinflugs hatten wir eine rettende Eingebung: Wir würden Thomas dabei zeigen, wie er für unser Special versuchte, die weltberühmte Maus zu treffen, und von den bekannten Nebenfiguren Hinweise erhielt. So wurden wir schon beim Frühstück von überlebensgroßen A- und B-Hörnchen sowie Pluto empfangen und aus uns Erwachsenen wurden sofort wieder Kinder: Von Anfang an fühlte ich mich wohl.

Unser Guide durch die Walt Disney World war Ken Pawlowski. Er hatte die Verantwortung dafür, dass wir unsere Drehvorhaben realisieren konnten und rechtzeitig zu den jeweiligen Programmpunkten erschienen. Zudem war es seine Aufgabe, sicherzustellen, dass wir nichts produzierten, was der Disney-Philosophie widersprach. Unsere Kamerateams stammten aus Orlando – die Kameramänner hießen Ron S. Arnold, Ed Shuman und David Trieber – und der Unterschied zu unseren österreichischen Teams wurde sofort deutlich: Hier hatte man kein Zwei-Mann-Kamerateam, sondern das Team bestand aus drei Personen. Der dritte Mann in der Crew war mit einem Wägelchen für den Transport von Kamera-, Ton- und Lichtequipment zuständig. Das hatte erstens den Vorteil, dass sich Kamera- und Tonmann auf Ihre Aufgabe konzentrieren konnten, und zweitens war immer jemand beim nicht benötigten Equipment, während gedreht wurde.

Die Wegstrecken von Drehort zu Drehort legten wir größtenteils mit einem Golfwagen zurück – nur in den Themenparks zwischen den Touristen waren wir zu Fuß unterwegs. Ed, unserem Kameramann, gefiel unsere Storyline: „That is really different“, „Das ist echt mal was anderes“, meinte er grinsend.

Eine unserer Stationen war ein Besuch in den Studios beim Ausbildner der Trickzeichner, Frank Gladstone, der uns und unserer Kamera einen Einblick in die Animation der Zeichentrickfigur Captain Hook gab. Zu jener Zeit bildeten noch Handzeichnungen die Grundlage für Animationsfilme – und wir haben erfahren, dass man für eine Minute Trickfilm etwa 1440 Einzelzeichnungen benötigte, mit denen rund 50 Zeichner in mehreren Schichten beschäftigt waren. Für mich wäre dieser Job ganz klar nichts, denn ich bin kein großer Zeichner, und Geduld ist auch nicht meine Stärke.

Nach 20 Minuten war unser Zeitfenster vorbei, und wir erhielten von Gladstone wie besprochen den „Hinweis“ darauf, wo wir Micky Maus finden könnten. Dass unsere Story nicht chronologisch gedreht wurde, schenkte uns Spielraum für die Umsetzung. So fügten wir im Themenpark immer die Charaktere ein, die wir gerade trafen, und konnten auf diese Weise – und dank unserem Guide Ken – sogar Roger Rabbit als Thomas Brezinas Chauffeur gewinnen. Wir drehten nahezu alles, was uns irgendwie wichtig war: Thomas auf der Main Street, Thomas vor dem Disney-Schloss, Thomas Hilfe suchend vor der Indiana-Jones-Attraktion. Das sollten unsere Übergänge werden.

Am zweiten Tag standen zwei ganz besondere Interviews auf unserem Drehplan. Den Anfang machte Ken Kercheval, jener Schauspieler, der Cliff Barnes in der Serie *Dallas* verkörperte. Er war hier, um während des Jubiläums die besten Lehrer der USA auszuzeichnen, und daneben stand er der Presse in Fünf-Minuten-Zeitslots für Interviews zur Verfügung. Wir erzählten dem Hollywoodstar von unserer Geschichte, und er machte bereitwillig mit. Spätestens jetzt wurde deutlich, dass Schauspieler aus Amerika echte Show-Profis sind und Fernsehkollegen nicht hängen lassen. Auch die *Dallas*-Legende schickte unseren Thomas am Ende des Interviews weiter auf die Reise zu Micky – und bedankte sich nach dem Dreh für die willkommene Abwechslung.

Ken Kercheval & Thomas Brezina in Walt Disney World

Zum Jubiläum wurde in der Walt Disney World auch die neue „Muppets in 3D"-Attraktion präsentiert. Dazu konnte man mit Gonzo und Scooter Interviews führen. Oder in unserem Fall: sie um Hilfe bei der Suche nach Micky Maus bitten. Als wir das Set für unseren Dreh mit den beiden Muppets betraten und uns vorstellten, wurden wir bereits mit dem Satz begrüßt: „Ah, the guys from Austria who are looking for Mickey!" – „Ah, die Leute aus Österreich, die Micky suchen." Unsere Geschichte hatte also bereits die Runde gemacht, und man war es hier sichtlich nicht gewohnt, dass ein TV-Team mit einer vorher ausgedachten Geschichte ankam.

Das Gespräch musste ganz speziell gedreht werden, denn die Muppets waren ja Handpuppen, die über den Köpfen ihrer Spieler gespielt wurden. Diese saßen auf Sesseln, dadurch waren Gonzo und Scooter zumindest auf Schulterhöhe von Thomas Brezina im Bild. Und noch etwas überraschte uns: Scooter, oder vielmehr sein Puppenspieler, konnte ein wenig Deutsch. Der Talk mit den Muppets bekam dadurch noch mal eine ganz eigene Dynamik – er war spontan, herzlich und fernab jeglicher Promotion. Die Werbung für die neue Attraktion lief einfach in einem Nebensatz mit. Aber dass man bei Muppets auf alles gefasst sein musste, erfuhren wir schnell, nämlich als es darum ging, wo wir Micky Maus finden könnten. „Mickey?", fragte Gonzo. „Who is Mickey?" – „Wer ist Micky?" Stille!

Darauf Scooter: „Do you mean the guy with the big nose? That's Piggy!" – „Meinst du die mit der großen Nase? Das ist Piggy!" Thomas fing sich schnell wieder: „No, the guy with the big round ears …" – „Nein, den mit den großen runden Ohren …"

Thomas Brezina mit den Muppets Gonzo und Scooter

Am dritten Drehtag nachmittags war es dann endlich so weit – wir hatten eine „Audienz“ in der Garderobe von Micky Maus. Da Micky als Charakter nicht sprechen durfte, hatten wir uns eine Szene überlegt: Thomas schlief in der Garderobe beim Warten auf Micky mit den Glückwunschbriefen in der Hand ein. Micky kam daraufhin herein, fand Thomas und die Briefe und nahm diese voller Freude an sich, ließ Thomas allerdings schlafen und machte sich auf den Weg zur großen Jubiläumsparade.

15 Minuten reine Drehzeit, in der alles gepasst hat. Brezina hat Micky Maus in unserer Sendung erst bei der Parade live gesehen. Dem Schnitt sei Dank wirkte es so, als hätte Micky unseren Thomas unter den Tausenden Menschen wiedererkannt und ihm zugewunken. Und auch unser Guide Ken erlebte seine 15 Sekunden Ruhm und kam als Passant vor. Wir ergänzten unser Filmmaterial mit verschiedenen historischen Archivaufnahmen zum Themenpark, zu Walt Disney und zur Entstehung von Micky Maus. Unser emotionales TV-Special trägt den treffenden Titel *Auf den Spuren von Walt Disney*.

EIN BADEMEISTER IM SCHNEE

Der Live-Kindernachmittag *Ich und Du* war beliebt, wie Rückmeldungen und Quoten zeigten. Die Kinder waren treue Zuschauer und Briefschreiber – nicht nur, was ihre Reaktionen und Kritiken anging. Sie wünschten sich auch prominente Gäste, die sie unbedingt bei uns im Programm sehen wollten. David Hasselhoff war einer davon.

Den weltweiten Durchbruch schaffte dieser als Michael Knight in der Fernsehserie *Knight Rider* an der Seite des sprechenden Autos K.I.T.T. und später dann durch die Serie *Baywatch*, die in 144 Ländern ausgestrahlt wurde. In der Rolle des Rettungsschwimmers Mitch Buchannon war Hasselhoff bis 2000 der Hauptdarsteller. Als *Baywatch*-Bademeister und *Knight Rider* wurde er zur Kultfigur der 80er- und 90er-Jahre und widmete sich nebenbei seinen Hobbys: singen und tanzen. Mit seinem Album *Night Rocker* gelang ihm 1987 in Österreich erstmals der Sprung an die Spitze der Charts.

Durch einen Fernsehauftritt wurde die Schwiegermutter des deutschen Musikproduzenten Jack White auf David Hasselhoff aufmerksam und empfahl White eine Zusammenarbeit mit Hasselhoff. 1988 nahm Hasselhoff mit ihm das Lied „Looking for Freedom“ auf – der Rest ist Musikgeschichte. Bis heute behauptet Hasselhoff, dass er mit diesem Song maßgeblich am Fall der Berliner Mauer beteiligt gewesen sei.

Zu jener Zeit lief im ORF die Sendung *Wurlitzer*, und es gab keinen Tag, an dem nicht mindestens ein Lied von Hasselhoff gewünscht wurde. Oberstes Ziel jeder Fernsehsendung ist es, die Zuschauer zufriedenzustellen, ihre Wünsche zu respektieren und im Idealfall zu erfüllen. So entstand das „Unternehmen Hasselhoff“: Da es aus finanziellen Gründen nicht infrage kam, ihn aus Los Angeles einfliegen zu lassen, blieb nur die Hoffnung, dass der Serienstar und

Sänger einmal im Rahmen eines Wienbesuchs Lust hatte, unsere Sendung zu besuchen.

Es sei hier nochmals erwähnt, dass für Stargäste keine Gagen gezahlt wurden und alle für die Promotion ihrer Musikalben, Konzerte, Theateraufführungen, Filme und TV-Serien – oder aus persönlichen Gründen – das ORF-Kinderprogramm besuchten. Das bedeutete auch in Hasselhoffs Fall, immer wieder Einladungen zu faxen und auf den geeigneten Moment zu warten.

Ein solcher kam schließlich 1993: Hasselhoff war als Stargast bei den Special Olympics in Salzburg und Schladming angekündigt, für die er sich schon im Rahmen seiner Rolle in *Baywatch* engagiert hat. In einer Episode unterstützt Mitch Buchannon etwa behinderte Athleten, die an den Special Olympics teilnehmen. Diese Bewegung ist ihm nach wie vor ein persönliches Anliegen.

Unsere Anfragen bei seinem amerikanischen Management blieben monatelang unbeantwortet. Also warteten wir, bis der Superstar in Schladming angekommen war, und versuchten dann, über das Organisationskomitee der Special Olympics und Hasselhoffs Schladminger Hotel unser Glück. Auch hier erhielten wir allerdings negative bis keine Reaktionen. Selbst Mitorganisator und Musiker Alex Rehak, der uns immer auf dem Laufenden hielt, wer wann wo was rund um die Spiele tat, konnte hier nicht helfen: Der Superstar Hasselhoff wurde abgeschottet. Bis zu einem Freitag im März 1993, als um 20.00 Uhr mein Telefon in Wien läutete und mir eine Stimme mitteilte, Hasselhoff sei bereit, mit uns einen *Mini-Treff* aufzuzeichnen. Wir sollten am nächsten Tag im Planai-Stadion sein, ihn vorher vom Hotel abholen und alles Weitere einfach direkt mit ihm besprechen. Mein Herz schlug schneller – die monatelange Arbeit hatte sich ausgezahlt. Ich vergaß vor Freude sogar nachzufragen, wer dran war.

Wir hatten das Glück, dass der ORF-Übertragungswagen wegen der Eröffnung ohnehin vor Ort war, und daher mussten nur der Moderator Thomas Brezina, der Regisseur Gebhard Wimmern und ich am Samstagmorgen von Wien nach Schladming fahren. In kürzester Zeit waren alle an Bord und bereit, das Abenteuer auf sich zu nehmen. Während der Fahrt redeten wir kaum – es ist schwer, zu sagen, ob das an der frühen Uhrzeit oder der Aufregung lag. Als wir in Schladming ankamen, kümmerte sich Gebhard Wimmer gleich um die Technik; Thomas Brezina übernahm die Betreuung der Kinder, die die Sendung zusammen mit Hasselhoff bestreiten sollten. Wir hatten nicht viel Zeit, und die Anspannung stieg.

Ich fuhr mit einer weißen Limousine zum Hotel und holte David Hasselhoff und seine Frau Pamela Bach ab. Die beiden kamen allein aus dem Hotel, ohne Manager und ohne Bodyguards. Die Situation war eigenartig. Von Anfang an schien es so, als wüsste David nicht, wer ich war und warum ich ihn abholte. Er erweckte sogar den Anschein, nicht zu wissen, dass er auf dem Weg zu einer Fernsehaufzeichnung war. Während der Fahrt unterhielten sich seine Frau und er darüber, wo sie ihr nächstes Haus kaufen sollten. Sie wollte in die Hollywood Hills, doch David bevorzugte Malibu. Es war meine Gelegenheit, mich einzubringen, und ich bemerkte: „I prefer Malibu too!", „Mir ist Malibu auch lieber!" David schenkte mir ein Lächeln, seine Ehefrau verdrehte die Augen. Ihr Blick sagte: „Du hast ja keine Ahnung!"

Nach etwa 20 Minuten Fahrt hatten wir das Zielstadion an der Planai erreicht. Erst beim Aussteigen fiel mir auf, wie groß Hasselhoff war. Mit 1,93 Meter war er um gut 20 Zentimeter größer als ich – nicht der einzige Grund, zu ihm aufzuschauen. Als er dann die Technik sah, den Tonmeister, der ihm ein Mikrofon anstecken wollte, und Thomas Brezina, der ihn begrüßte, war der Superstar mehr als überrascht. Er war tatsächlich völlig ahnungslos, dass er hier eine Fernsehsendung aufzeichnen sollte. Niemand hatte ihn darüber informiert. Nun war es an der Zeit, Charme spielen zu lassen. Thomas Brezina und ich erläuterten ihm, welchen Superstar-Status er in Österreich hatte, dass etwa 30 Kinder mit zahlreichen Fragen auf ihn warteten – wie es das *Mini-Treff*-Konzept vorsah –, dass alles drehbereit war und er nach 30 Minuten fertig wäre. Es zeigte sich einmal mehr: Wenn man direkt mit Stars reden und sie mit Argumenten überzeugen konnte, erntete man ganz selten ein Nein. Außerdem konnte er wohl schon angesichts der erwartungsvollen Kinderaugen nicht ablehnen, denn mittlerweile war David von Kindern umringt, die „Mr. Baywatch" in Richtung Bühne schoben. Ganz Profi nahm er zwischen den Kindern Platz, und wir verloren keine Zeit: Die Aufzeichnung begann.

David war ein echter Showman. Kaum war die Sendung gestartet, zeigte sich, warum er so eine große Fangemeinde hatte: Er war charismatisch, in seinen Antworten launig und beantwortete bereitwillig alles, was die Kinder wissen wollten. Er bot sogar eine kurze Gesangseinlage aus dem Musical *Peter Pan* dar. Seine Frau Pamela fotografierte vor der Bühne die Aufzeichnung und war sichtlich erfreut. Manchmal schenkte sie mir ein zufriedenes Lächeln.

Nach 30 Minuten war die Sendung leider zu Ende, und David gab noch bereitwillig Autogramme. Uns erzählte er später, dass er sich während der Aufzeichnung ausgesprochen wohlgefühlt und das Gefühl gehabt hatte, geschätzt und optimal betreut zu werden. Für uns war es eine sensationelle Sendung, mit der wir nach Wien zurückfuhren. Wir erfuhren erst am Heimweg, dass Vertreter seiner österreichischen Plattenfirma auf dem Weg nach Schladming waren und am Nachmittag eine Pressekonferenz anberaumt war. Die Promotoren der BMG Ariola waren allerdings *not amused*, dass wir mit „ihrem Künstler" eine Fernsehsendung aufgezeichnet hatten, ohne sie vorher zu informieren. So etwas gehöre abgesprochen, und sie würden sich beschweren, waren noch die freundlichsten Dinge, die ich zu hören bekam. Beschwerde gab es keine, allerdings viele Presseberichte am Tag der Ausstrahlung in den Zeitungen. Manchmal muss man eben Grenzen überschreiten, um erfolgreich zu sein – solange es legal ist. Es sollte nicht meine letzte Begegnung mit Hasselhoff sein. Aber: Wer mich an jenem Freitagabend angerufen hat, weiß ich bis heute nicht.

DING DONG

In den frühen 90ern erhielten die Sendungen des Kinderprogramms einen Relaunch. Die Zeit der *Mini*-Formate war vorbei, und aus dem *Mini-Treff* wurde die Sendung *Ding Dong*. Dabei standen prominente Gäste zu Beginn der Sendung hinter einer Tür und läuteten an, um eingelassen zu werden. Sie bekamen so einen würdigen Auftritt und saßen nicht schon von Beginn an zwischen den Kindern. Mit diesem Sendungsnamen lag es nahe, die EAV zu bitten, ihren Hit für unsere Sendungssignation umzutexten.

Die EAV, die Erste Allgemeine Verunsicherung, war eine 1977 gegründete Pop-Rock-Band aus der Steiermark, zu deren bekanntesten Titeln Hits wie „Ba-Ba-Banküberfall", „Märchenprinz", „Fata Morgana", „Küss die Hand, schöne Frau" und eben „Ding Dong" gehörten. Texter und Komponist der Band war Thomas Spitzer, Leadsänger war Klaus Eberhartinger. Der Bandname spielte auf ein ehemaliges österreichische Versicherungsunternehmen an.

Ich hatte von Anfang an einen guten Draht zu der Band. Wir hatten einen ähnlichen Sinn für Humor. Ich mochte ihre Texte und die comichafte Umsetzung der Songs in ihren Videos. Wenn sie ein neues Album herausbrachten, stand unsere Studiotür für sie immer offen. Wir trafen uns aber auch ohne Kameras, zum Beispiel 1993 bei der Song-Contest-Feier im *Marchfelderhof* von Tony Wegas, dessen Lied „Maria Magdalena" aus der Feder von Thomas Spitzer stammte. Das Fest dauerte wieder einmal etwas länger – und auf der Heimfahrt, gegen 3.00 Uhr früh, stoppte mich eine Polizeikontrolle. Natürlich hatte ich nur wenig getrunken, musste aber erklären, woher ich um diese Uhrzeit noch unterwegs war. Ich antwortete wahrheitsgemäß, dass ich von einem Fest mit der EAV kam. „So, so, von einem Fest der EAV kommen Sie also", lautete die ungläubige Antwort des Polizisten, „und wo soll das gewesen sein?" Noch bevor ich den Marchfelderhof ansprechen konnte, blieben zwei Autos neben uns stehen. Auf der Beifahrerseite wurde das Fenster heruntergekurbelt, und Thomas Spitzer sagte in seiner unnachahmlichen Art: „Was is, Löffelmann, kannst nicht Autofahren?" Einer der Polizisten murmelte: „Die sind ja wirklich da ..." Darauf Spitzer: „Können wir was helfen?" Die Hilfe bestand letztlich aus zwei signierten Alben für die Polizisten – und wir konnten alle unsere Heimreise fortsetzen.

1991 lief die erste Ausgabe von *Ding Dong* im ORF – und der modifizierte Text für unsere Signation lautete :

„Ding Dong, Ding Dong, wer steht dort vor der Tür?
Vielleicht ist es ein Superstar, ein prominentes Tier?
Ding Dong, Ding Dong, wer steht dort vor der Tür?
Die große Überraschung, Kinder, ja, die seht ihr hier!
Gleich geht die Tür auf, gleich geht es los, gleich geht's:
Ding Dong!"

Als die Nachricht von der Bereitstellung des EAV-Hits für unsere Sendung in der Branche bekannt wurde, war es einfach, bekannte Persönlichkeiten als Gäste in das Kinderprogramm zu locken. Das Konzept der Sendung war dasselbe wie beim *Mini-Treff*: Menschen aus der Showszene stellten sich unter anderem Fragen aus dem Kinderpublikum. Neu war die Dekoration.

Bei *Ding Dong* fungierte eine Sonne als Tür für die Prominenten, die dahinter auf ihren Auftritt warteten. Ebenfalls neu war, dass die Prominenten ihre Geschicklichkeit in Spielen mit den Kindern unter Beweis stellen mussten. Wir orientieren uns am Privatfernsehen, und die Sendungen wurden bunter, spektakulärer und actionreicher, blieben aber „österreichisch". Das heißt: Fast alle nationalen Stars waren irgendwann in der Show vertreten, hatten sie dort doch die Gelegenheit, ihre Themen und Projekte in einem spielerischen Rahmen vorzustellen.

Aber auch internationale Berühmtheiten kamen gern in die Sendung, obwohl sie erst vor der Studiotür und bei der Inspektion des Studios so richtig realisierten, worum es sich handelte. Bud Spencer war ebenso da wie Peter Kraus, die Boygroup East 17, Fanta 4 und der damalige *Wetten, dass …*-Moderator Wolfgang Lippert. Ich habe in all der Zeit keine schwierigen oder mimosenhafte Studiogäste erlebt. Nahezu alle konnten mit den Gegebenheiten einer Fernsehsendung entspannt umgehen, fast alle hatten sofort einen Draht zu den Kindern. Auch der Schauspieler Bud Spencer.

Er war zu Besuch, da er seinen Film *Das Rhinozeros* promotete. Kaum jemand wusste damals, dass er eine sportliche Vergangenheit hatte. Geboren 1929 als Carlo Pedersoli in Neapel, hatte er schon früh die Leidenschaft fürs Schwimmen entdeckt und war 1949 sogar italienischer Meister im Freistil geworden. Der Durchbruch gelang ihm mit den Filmen *Die rechte und die linke Hand des Teufels* und *Vier Fäuste für ein Halleluja*. Dabei schreckte er nie davor zurück, den Bösewichten eine zu verpassen, war aber immer ein gutherziger Charakter. Ende der 70er wurde er, auch deshalb, zum beliebtesten Schauspieler Deutschlands gewählt.

Als er bei uns im ORF-Zentrum eintraf, stand mir ein wahrer Riese gegenüber. 1,94 Meter groß und ein massiger Körper – und dennoch war sein Händedruck eher weich. Seine Stimme war sehr sonor und ruhig – so, wie ich sie aus den Filmen kannte. Beim Schminken wollte er bis in kleinste Detail wissen, wie *Ding Dong* aufgebaut ist, wie lange es die Sendung schon gibt, wie wir die Kids ausgesucht haben und so weiter. Und so beruhigend und ruhig er wirkte, warten war nicht sein Ding. Das war für ihn vergeudete Zeit.

Zum Glück war die Pause zwischen Make-up und Sendungsbeginn aber nicht lang, und er betrat etwas behäbig das Studio. Der Größenunterschied zwischen ihm und den Kindern wirkte jetzt noch eklatanter. Im Gespräch war er dann aber der gutmütige Teddybär, der über seine Filmaufnahmen, seine Kindheit und seine Zeit als

Schwimmer erzählte und im Studio mit den Kindern Riesenmikado spielte. Natürlich gewannen die Studiokinder.

Auch die EAV war bei uns zu Besuch – zunächst allerdings nur ein Teil der Band: Klaus Eberhartinger, Günther Schönberger und Anders Stenmo. Wir hatten veranlasst, dass zu Beginn der Sendung die Sonnentür klemmte, in der Hoffnung auf eine witzige Reaktion der Bandmitglieder, die auch prompt kam: Sie kletterten einfach über den *Ding-Dong*-Zaun.

Mitgebracht hatten sie ihr neues Musikvideo zum Song „'S Muaterl"; die Kinder überraschten sie mit einer Interpretation des Liedes „Küss die Hand, schöne Frau", und gemeinsam wurde „Ich packe meinen Koffer …" gespielt. An sich eine fröhliche Sendung, hätten sich über die Kritik an der katholischen Kirche im Text von „'S Muaterl" nicht einige Zuseher aufgeregt: Am nächsten Tag musste sich meine Hauptabteilungsleiterin Trautl Brandtstaller sogar beim Programmintendanten Ernst Wolfram Marboe verantworten, ob so ein Lied im Kinderprogramm gespielt werden müsse. Sie betonte, sie sehe keinen Grund, das Lied nicht zu spielen. Wir waren mit *Ding Dong* die Ersten gewesen, die es im ORF ausgestrahlt hatten – und waren somit mutiger als der Bayerische Rundfunk, der das Lied boykottierte.

Die walisische Musikerin Bonnie Tyler hätte ich dafür fast ins Gefängnis gebracht. Die international bekannte Sängerin war mehrfach für den Grammy und den Brit Award nominiert, der Durchbruch gelang ihr 1977 mit „Lost in France" und „It's a Heartache". In den 1980er-Jahren folgten Hits wie „Total Eclipse of the Heart" und „Holding Out for a Hero". Was die wenigsten wissen: Sie hat auch „The Best" geschrieben, mit dem Tina Turner später einen Welthit landete. Ihre berühmte raue Stimme, ihr unverkennbares Markenzeichen, „verdankt" sie einer Operation an den Stimmlippen, nach der sie zu früh zu sprechen begann.

Wie jeder Gast bei *Ding Dong* erhielt auch die Sängerin am Ende von uns ein persönliches Geschenk als Dankeschön fürs Dasein. Für sie hatte ich zwei Mozartnotenblätter nachdrucken und schön rahmen lassen – ihre Augen leuchteten, und sie versprach, ihnen zu Hause einen Sonderplatz zu geben. Doch am folgenden Tag bekamen wir einen hektischen Anruf von ihrem Management: Am Flughafen waren die Notenblätter beschlagnahmt worden – und Bonnie Tyler wurde festgehalten. Es gab den Verdacht, dass sie Originalnoten illegal außer Landes schaffen wollte, und die Behörden hatten deshalb vor, sie anzuzeigen. Es erforderte ein wenig Überzeugungsarbeit am Telefon, um klarzumachen, dass die Noten nicht echt waren. Nur ein offizielles Fax (was damals noch schnell ging) ermöglichte ihr die Weiterreise und das Mitnehmen der Noten. Bonnie erinnert sich noch lange daran, wie ich bei einem Interviewtermin Jahre später feststellen durfte. Zum Glück konnte sie mittlerweile über die Situation lachen und erzählte, dass sie die beiden Mozartnotenblätter in ihrem Tonstudio aufgehängt hat.

Auch Falco war einer, den wir auch über einen längeren Zeitraum hinweg immer wieder als Studiogast anfragten. Mit ihm hatte ich schon einige Jahre zuvor zu tun gehabt, bei den Proben zu seinem legendären Auftritt im Mai 1985 am Wiener Rathausplatz – zum Konzert anlässlich der 30-Jahre-Staatsvertrag-Feier. Dort zeigte sich schon, dass er bei Proben ein völlig anderer war als dann beim Konzert auf der Bühne. In Jogginghose und gut gelaunt absolvierte er den Soundcheck und Kameraproben, wobei es ihm wichtiger war, wie er klang, als wie ihn die Kameras einfingen. In den Pausen lag er auf den Technikkisten und sonnte sich. Er war nahbar, nahm sich für jeden Zeit, der etwas von ihm wollte, ließ sich von Passanten fotografieren und erfüllte bereitwillig Autogrammwünsche. Keine Spur vom Weltstar.

Kurz danach erreichte er mit „Rock me Amadeus“ die Nummer 1 der Charts in den USA und begann seine Weltkarriere. Erst 1992 folgte er endlich der Einladung in unser Studio, um sein neues Album *Nachtflug* zu promoten.

Falco kam ohne Manager und Betreuer der Plattenfirma an; wir trafen uns im Café der Kantine. Er wirkte nervös, und in der Vorbesprechung wurde deutlich, weshalb: Er fühlte sich unsicher im Umgang mit den Kindern und hatte auch einen gewissen Respekt vor ihren Fragen. „Mit Journalisten kann ich umgehen", erklärte er, „weil sie berechenbar sind. Doch Kinder – bei Kindern ist nichts planbar, und sie fragen einfach drauflos. Die kann ich nicht kalkulieren!"

Es zeigte sich, dass der Sänger eigentlich ein sehr unsicherer Mensch war, der sich nach außen mit seiner dunklen Sonnenbrille und seiner legendären Arroganz ein Schutzschild gebaut hatte, in seinem Inneren aber sensibel und verwundbar war.

In der Sendung spielte sich der Wiener Superstar dann aber bald frei und wurde mit jeder Minute selbstsicherer. Falco schlüpfte aus seinen Attitüden und erwies sich als sehr charmanter und launiger Gesprächspartner der Kinder. Er plauderte über seine weniger erfolgreiche Schulzeit, über seinen Welthit „Rock me Amadeus" und über den Druck, immer gefallen zu müssen. Zum Schluss bekam auch er ein typisches *Ding-Dong*-Geschenk. Da er gerade mit seiner Single „Titanic" in den Charts war, gab es für ihn einen *Titanic*-Rettungsring und eine Brille mit Scheibenwischern.

Nach der Aufzeichnung bestand er dann darauf, sich die Talk-Passagen mit den Kindern anzuschauen, und rauchte dabei mehrere Nervositätszigaretten. Schlussendlich war er mit sich und seinen Antworten zufrieden, betonte noch einmal, wie nervös er vor den Fragen und dem Gespräch gewesen war, und bedankte sich bei uns, dass wir ihn „durch die Sendung getragen" hatten. Es war das letzte Mal, dass ich beruflich mit ihm zu tun hatte.

GELBES FELL UND GRÜNE HAARE

Zur Zeit, als Tele5 den *Bim Bam Bino* hatte, wünschte sich Ernst Wolfram Marboe eine ähnliche Figur. In unserem Team hatten wir verschiedene Kasperl- und Puppenbühnen, darunter die Urferaner Puppenspiele. Der Linzer Stefan Gaugusch bereicherte seit 1989 mit seinem Team Kasperl & Co. das österreichische Kinderfernsehen. Er war es auch, der jene Kinderprogramm-Leitfigur entwickelte, die dann mehr als 14 Jahre lang das ORF-Kinderprogramm prägen sollte: eine haarige Figur mit großen Augen, grünen Haaren und einem breiten Mund. Wir waren augenblicklich von seiner Idee gefesselt, denn trotz ihres ungewöhnlichen Aussehens war es eine Figur, die man sofort knuddeln wollte. Auch Ernst Wolfram Marboe zeigte sich sehr angetan.

Der Name *Confetti* stammte von Puppenspielerin Britta Hellmann, als Abkürzung für CONstanze FErdinand TIntenfass. Wir haben in den Sendungen immer offengelassen, ob Confetti ein Junge oder ein Mädchen war, und haben die Puppe mit Namen angesprochen – oder die Figur, wenn sie mühsam wurde, einfach nur liebevol „Fettl" genannt. Was wir aber wussten: Confetti lebte in Blödelwedelhausen, war zwischen neun und zehn Jahre alt, hatte grüne Haare, weil Confetti sich die Haare mit Spinat wusch, statt ihn zu essen. Confetti war wie ein schlecht erzogenes Kind: besserwisserisch und vor allem stur. Confetti mochte einfache Speisen, vor allem Kekse, und aß am liebsten mit der Oma, um ihre Kekse abzubekommen.

Ich kam als Redakteur, Texter, Drehbuchautor und später als TV-Regisseur zum Team. Der ORF-Kindernachmittag bekam den Titel *Confetti-TiVi,* und wir entwickelten zunächst zwei Sendungen, in denen die Puppe vorkommen sollte. Eine davon war seine eigene *Confetti Show*, in der die Puppe mit prominenten Gästen talkte und die von „echten" Moderatoren geleitet wurde. Nach dem Vorbild der *Muppet Show* sollten die Gäste Sketche mit Confetti aufführen und die Möglichkeit haben, ihre Persönlichkeiten und Fähigkeiten zu zeigen. Die zweite Sendung sollte ein Magazin sein, das ebenfalls von der Puppe und menschlichen Moderatoren präsentiert wurde – *Confetti Paletti*.

Der nächste Schritt war das Casting, denn das Spielen und Interagieren mit den Puppen war nicht so einfach wie gedacht. Wir haben tagelang gecastet, sowohl erfahrene Moderatoren als auch Neulinge. Manche waren sehr und manche weniger gut. Doch je weiter das Casting voranschritt, desto klarer wurde, dass Confetti es auch allein schaffen könnte, durch die Sendungen zu führen. Und es zeigte sich: Puppenspielerin Britta Hellmann lebte in Confetti – nein, sie *war* Confetti.

Für die Gäste bedeutete das mehrere Neuerungen: Sie hatten es plötzlich mit einer Kunstfigur zu tun. Es reichte nicht mehr aus, nur mit dieser zu plaudern und zu spielen – es wurden Skripten und Texte geschrieben. Für die Sketch-Sequenzen mussten die Gäste also ebenfalls Text lernen. Nahmen sie Confetti in den Sendungen nicht ernst, erging es ihnen nicht besonders gut: Wie Kinder eben manchmal sind, konnte auch Confetti genervt und kompliziert sein.

Gespielt wurde die Puppe von drei Personen: Britta Hellmann spielte Hände und Stimme; Stefan Gaugusch spielte Kopf und Mund; eine wechselnde dritte Person nutzte eine Fernbedienung für die Augenbewegungen. Die Kulisse musste entsprechend gestaltet werden, da Hellmann und Gaugusch unter der „Bühne" saßen und die Gäste auf Sofas Platz nahmen, die als Sichtschutz für die beiden dienten. Die Puppenspielerin, die die Augen mit der Fernsteuerung bewegte, benötigte freie Sicht und befand sich meist im Zuschauerbereich.

Die erste Sendung wurde am 11. April 1994 ausgestrahlt – wir starteten mit einem Paukenschlag: In der ersten Ausgabe begleiteten wir Confetti bei einem Besuch bei Bundespräsident Thomas Klestil in der Hofburg. Confetti fuhr standesgemäß in einem Rolls-Royce vor. In der Präsidialkanzlei wurden entsprechende Maßnahmen ergriffen: Wir benötigten eine Couch, hinter der die Puppenspieler sich verbergen konnten, und mussten Wege ausprobieren, damit sie nicht sichtbar waren. In der Sendung sollte der Bundespräsident Confetti sein Arbeitszimmer zeigen, Fragen zu seinem Arbeitsalltag beantworten und ihm schließlich eine Geschichte vorlesen. Das war der Plan.

Wir alle waren dem Anlass entsprechend schick angezogen, sogar Confetti trug eine Krawatte – und sonst nichts weiter. Es lief alles nach Plan: Bundespräsident Klestil gab sich als charmante Gastgeberfigur. Er erläuterte die Funktion der verschiedenen Telefonapparate, während er mit Confetti an seinem Schreibtisch saß; er erklärte die Gemälde, seinen Arbeitsalltag und die Aufgaben, die er hatte. Confetti war das neugierige Kind, das das Büro genauestens inspizierte. Als Confetti ohne vorherige Absprache zu telefonieren begann und mitten im Gespräch wieder auflegte, meinte der Bundespräsident nur: „Gut so, wir können ja nicht mit jedem reden!"

Der erste Mann im Staat und der neue Fernsehstar kamen gut miteinander klar. Es lief so gut, dass sich Confetti, wieder ohne Absprache, für die Zeit in der Hofburg bedanken und dem Bundespräsidenten seine Krawatte schenken wollte. Dann überlegte Confetti es sich aber doch anders und schlug stattdessen vor, die Krawatten zu tauschen. Der Bundespräsident konnte vor den Kameras nicht ablehnen.

Diese Sendung wurde zum Turbo für Confettis erfolgreiche Fernsehkarriere. Von Beginn an war es Britta Hellmann, die der Figur mit ihren Texten Leben einhauchte – sie hatte bereits zuvor Drehbücher für die Fernsehserie *Helmi* geschrieben, und dank ihr lernte ich die wesentlichen Aspekte beim Schreiben eines Drehbuchs. In diesem Fall zum Beispiel, was zu beachten war, wenn die Puppe in der Bewegung eingeschränkt war. Confetti hatte ja keine Beine.

Da beide Sendungen, die *Confetti Show* und *Confetti Paletti*, wöchentlich ausgestrahlt wurden, hatten wir vier Drehbuchautoren genug zu tun, die Showbücher und Magazintexte zu schreiben. Es war ein Fulltime-Job – aber ein erfolgreicher. Die Kinder mochten die freche und neugierige Puppe. Sie durfte weit mehr als eine echte Person, und es war unmöglich, ihr böse zu sein. Auch in diesem Fall war es dank des Erfolgs außerdem ein Leichtes, prominente Erwachsene in die Sendungen zu lotsen. Die Größen der Showbranche versammelten sich in der *Confetti Show*: Dr. Kurt Ostbahn, Uwe Kröger, die EAV, Frank Zander, Reinhold Bilgeri, David Hasselhoff, DJ Bobo, Kim Wilde, Haddaway, Opus, Heino, US-Wrestler Hacksaw Jim Duggan, Pierre Brice, Caught in the Act und viele mehr waren da. Alle nahmen die außergewöhnliche Talk-Situation an – und je mehr sie sich auf Confetti einließen, desto sympathischer wirkten sie.

Die, die nicht „mitspielten" oder gar „den Erwachsenen" raushängen ließen, bekamen Confettis Unwillen zu spüren. Da halfen auch Einflüsterungen über ein Horcherl (In-Ear) nicht, mit dem ich vom Regieplatz aus mit den Puppenspielern verbunden war. Dann entwickelte die Puppe ihr Eigenleben – und wir konnten am Regieplatz nur noch durchatmen und ruhig bleiben.

Einige der Stargäste lernten ihre Texte für die Sketche vor der Aufzeichnung, andere improvisierten lieber. Diese Aufgabe wurde vor allem von DJ Bobo, Reinhold Bilgeri und der EAV ernst genommen: DJ Bobo glänzte als inkompetenter Bankräuber, der den Bankkassierer Confetti an den Rand der Verzweiflung trieb; Reinhold Bilgeri stellte einen hervorragenden Indiana-Jones-Klon dar, der auf der Jagd nach der geheimen Mumie war; und die EAV trat als geniale Raumschiffbesatzung auf Nikolaussuche auf.

Mit der Zeit wurde die Forderung nach mehr Confetti-Storys und -Abenteuern lauter – und wir kreierten die Confetti-Familie. Zu den Mitgliedern gehörten Confettis Oma, der schrullige Onkel Risotto, der ständig müde Neffe Büselfried, die nervige Freundin Pelilope, Fernsehrat Wusel, das Baby Pupsi und sein bester Freund, die Ratte Rolf Rüdiger. Einem unbestätigten Gerücht nach wurde der Fernsehrat Wusel mir nachempfunden. Er war ständig hektisch am Telefonieren, sein Lieblingssatz lautete: „Ich check das schon." Er war derjenige, der in der Familie die Confetti-Sendungen organisierte.

Durch die vielen Figuren boten sich nicht nur mehr Gelegenheiten, Geschichten mit und über die Gäste zu erzählen – wir erweiterten auch die Marke Confetti. In *Confetti TiVi* wurden zusätzlich zu den bestehenden Formaten täglich drei Sketche der Familie ausgestrahlt, die jeweils drei bis fünf Minuten dauerten. Das bedeutete aber auch einen enormen logistischen Aufwand, denn die Spielhandlungen konnten nicht mehr nur im Fernsehstudio stattfinden. Die Familie brauchte eine eigene Lebenswelt. Und die musste „über Kopf" stattfinden, das hieß: Alle fanden in mindestens 1,8 Meter Höhe statt.

Backstage-Impressionen bei Confetti*-Dreharbeiten mit Stefan Gaugusch*

Ab sofort spielte sich die Confetti-Welt deshalb auf Podesten ab, und die Puppenspieler bewegten sich in frei gelassenen Gängen zwischen den Dekorationsteilen. Und jeder, der sich schon einmal durch eine volle U-Bahn gedrängt hat, weiß, wie schwierig das schon ohne Puppe ist. Wenn man dann noch Text aufsagen, die Münder der Puppen synchron bewegen und darauf achten sollte, nirgendwo dagegenzurennen, dann bedurfte es schon ziemlicher Konzentration und Genauigkeit bei den Puppenspielern. Aber auch die Technik war gefordert: Die Kameras standen ebenfalls auf Podesten und mussten nicht nur die Aktionen einfangen, sondern den Blickwinkel auch so wählen, dass die Puppenspieler unter den Puppen nicht ins Bild kamen, genauso wie die Mikrofone, die wir deshalb als Palmen oder Lampenschirme tarnten. Und da es humorvolle Sketche waren, kam es auch noch aufs Timing beim Spielen an.

Wir dachten uns immer neue Situationen und Locations aus. Ich werde nie vergessen, wie wir am ORF-Parkplatz einen alten Volvo umbauten, da Büselfried unter Anleitung von Fernsehrat Wusel den Führerschein machen sollte. Wir warfen den Fahrersitz hinaus und der Puppenspieler lag so am Boden, dass er gerade noch das Gaspedal bedienen konnte – ohne aber natürlich sehen zu können, wohin er fuhr. Wir fixierten also das Lenkrad, damit das Auto nur geradeaus fahren konnte. Büselfried saß am Steuer, Wusel am Beifahrersitz. Probe und Aufzeichnung für die Fahraktion klappten bestens: Der Volvo rollte in Schrittgeschwindigkeit in Richtung ORF-Garage. Dann stoppte der Wagen, und wir wollten umbauen, um die Szene aus einem anderen Kamerawinkel zu drehen. Die Szene wurde also noch einmal gedreht, doch dieses Mal rutschte der Puppenspieler vom Gaspedal, verhedderte sich und fand das Bremspedal nicht gleich. Stattdessen stieg er aufs Gas, und der Wagen rollte auf das Garagentor zu. Erst knapp 20 Zentimeter davor kam er zum Stehen. Spektakulär, aber ungewollt. Nicht nur Fernsehrat Wusel war danach überzeugt, dass man Büselfried keinen Führerschein aushändigen sollte.

CONFETTI SCHREIBT DAZU

Die Nachricht, dass der Löffelmann alles hinschmeißt und in irgendeine Pension (*Pension Schöller* vielleicht?) auswandert, hat ganz Blödelwedelhausen in totale Panik versetzt.

Warum?

Darum: Eines Tages, im Jahre neunzehnhundertweißnichtmehr kriegten wir eine Vorladung vom ORF. Wir haben lange gerätselt, was das sein soll. Orbit-Rund-Flug? Obszöner-Rot-Fuchs? Ominös-Riechender-Furz? So ganz genau wissen wir es bis heute nicht. Auf alle Fälle sollten wir dort sofort antanzen und uns beim Doktor Löffelmann melden. Das haben wir getan, aber gesehen haben wir ihn fast nie. Er ist uns nur ganz selten erschienen. Meistens hat er vom Himmel herab zu uns gesprochen und uns komische Befehle erteilt. „Eckzahn" zum Beispiel. Deshalb grinsen wir in den Confetti-Shows immer so komisch, damit man unseren Eckzahn sieht.

Also, irgendwann sind wir dann draufgekommen, dass es eigentlich „Action" heißen sollte. Das ist, glaube ich, Lateinisch und heißt, dass man irgendwas zehnmal hintereinander tun soll, und am Ende ist es immer noch nicht gut genug.

Wenn wir ihn bei seinen seltenen Erscheinungen mal was gefragt haben, dann hat er immer die Arme hoch in die Luft geworfen und „Pfffft!" gesagt. Anfangs haben wir nicht kapiert, was das heißen soll, bis dann mein Onkel Risotto – er ist der Klügste von uns allen – draufkam, dass es sich dabei um so was wie Amen oder Halleluja handeln und der Löffelmann eine Art Gott sein muss. Als er dann plötzlich weg war – vielleicht waren auch wir weg und er noch dort? –, da haben wir nicht mehr gewusst, was wir tun sollen, weil er uns doch jahrelang immer gesagt hat, was wir sagen, wohin wir schauen, wann und wie lange wir lachen und wie oft wir blinzeln müssen. Seither büselt der

Büselfried ununterbrochen, der Fernsehrat Wusel wuselt herum, die Pelilope macht sich die Haare schön, der Onkel Risotto denkt, das Pupsi pupst, die Oma kocht, ich schreie den ganzen Tag lang „Hallo Knackenten!“, und wir alle warten seit Jahren darauf, dass der Löffelmann „Cut!“ ruft. Das ist, glaube ich, Lateinisch und heißt so viel wie: „Fertig!“ Wenn er uns also jetzt nie wieder erscheint oder wenigstens vom Himmel herab „Cut!“ ruft, weil er in die *Pension Schöller* auswandert, müssen wir bis in alle Ewigkeit so weitermachen.

Aber eigentlich habe ich ja den Auftrag erhalten, so was Ähnliches wie einen Nachruf zu schreiben. Das macht man, wenn jemand den Löffel abgibt und in die *Pension Schöller* auswandert. Also dann: Tschüss, Knackente, und pfffft!

Fernsehrat Wusel

REDEN, REDEN, REDEN

1996 war es für mich an der Zeit, nach neuen Herausforderungen Ausschau zu halten – nach sieben Jahren im Kinderprogramm. Ich hatte das Gefühl, dass sich eine gewisse Routine eingestellt hatte und ich jedes Jahr die gleichen Themen und Gäste betreute – wie man so schön sagt: „Austria is too small a country!"

Zu dieser Zeit war man auf der Suche nach einem Redakteur für die Talkshow *Schiejok täglich*, und da ich stets mit Menschen zu tun gehabt hatte, nahm ich Kontakt zum Sendungsverantwortlichen Werner Holy auf. Obwohl ich bis zu diesem Zeitpunkt keine Erfahrung mit klassischen Talkshows hatte, erschien mir die Aufgabenstellung machbar: Themen vorschlagen, diese dann mit passenden Gästen bestücken und Moderator Walter Schiejok darüber informieren, worum es in der Sendung gehen sollte. Mit ihm verstand ich mich, unter anderem half es mir, dass er es gut fand, dass ich mein Studium abgeschlossen hatte. Er schätzte Akademiker.

Schiejok täglich war die Antwort des ORF auf die RTL-Talkshow *Hans Meiser* und deckte eine Vielzahl von Themen ab, nichts war tabu. Es war eine unterhaltsame Nachmittagssendung mit Haltung, in der vier bis sechs Talkgäste vor Publikum zu einem Thema diskutierten. Ich durfte mich sofort den sogenannten soften Themen widmen – der Titel meiner ersten Livesendung am 1. Februar 1996 lautete „Kapital Körper – von Menschen, die sich zu Markte tragen". Ich konnte sofort wieder meine Kontakte zur Promiwelt nutzen und den mehrfachen Catcher-Weltmeister Otto Wanz sowie den Extremradsportler Franz Spilauer einladen.

Als 1996 Roland Emmerichs *Independence Day* in die Kinos kam, bot es sich an, einen Talk über Außerirdische zu gestalten. Um mich vorzubereiten, suchte ich nach Personen, die meinten, schon einmal von Außerirdischen entführt worden zu sein oder regelmäßig mit ihnen in Kontakt zu stehen. Dabei zeigte sich, dass nicht alle Geister, die man ruft, auch nützlich sind. Denn wenige Tage vor der Livesendung rief ein Klagenfurter in unserer Redaktion an und sagte, wir sollten schnell ein Kamerateam vorbeischicken, die Außerirdischen würden gerade landen. Als ich nach dem Aussehen der Ufos fragte, antwortete er: „Sie sind zigarrenförmig und blinken links und rechts rot, wie Flugzeuge." Leider war Kärnten in der kurzen Zeit nicht erreichbar, weshalb ich absagen musste. Eine andere Zuseherin berichtete mir, dass Raumschiffe sie regelmäßig abholen, die Insassen sich ihr gegenüber aber stets sehr freundlich verhalten würden. Sie luden mich sogar ein, einmal mitzufliegen. Ich blieb lieber auf dem Boden.

Der Titel dieser Folge von *Schiejok täglich* lautete „Ufos im Anflug: Bedrohung oder Betrug ?", einige Zeit später kehrten wir mit „Akte Ufos – alles vertuscht?" noch einmal zum Thema zurück. Besprochen wurden auch zwei Phänomene, die ich selbst erlebt habe.

Während meiner Tätigkeit bei *Confetti* befand ich mich einmal auf Urlaub auf Sanibel Island in Florida und saß an einem Abend auf der Terrasse. Plötzlich leuchtete über dem Meer ein Lichtkegel auf. Und nein, ich hatte nichts getrunken und war auch nicht allein – es gibt noch eine Zeugin. Nach gefühlten 15 Minuten erschien damals ein Hubschrauber, der den Lichtkegel umkreiste. Dann folgten ein zweiter und ein dritter Helikopter. Dieses Schauspiel dauerte einige Minuten, dann erlosch das Licht plötzlich, und die Hubschrauber drehten wieder ab. Am folgenden Tag berichtete die lokale Zeitung über seltsame Lichter und seltsame Flugobjekte an der Küste von Florida.

In der Steiermark ist mir einmal Folgendes widerfahren: Auf der Rückfahrt von einem Dreh in Graz mit mehreren Kollegen bemerkten wir vor dem Wechsel ein eigenartiges Licht am Himmel über der rechten Pkw-Seite, das immer auf unserer Höhe blieb. Eine plausible Erklärung schien mir, dass sich in der Nähe eine Großraum-Disco befand und dort ein Scheinwerfer in den Himmel strahlte. Doch dann wurde es merkwürdig: Das Licht schoss plötzlich von rechts nach links, und der Motor meines Autos starb ab und ließ sich nicht mehr starten. Glücklicherweise war zu diesem Zeitpunkt kein anderes Fahrzeug auf der Straße, sodass ich das Auto ausrollen lassen konnte. Nachdem wir geschockt ausgestiegen waren und das Auto auf Schäden inspiziert hatten, richteten wir unsere Aufmerksamkeit wieder auf das Licht. Es verharrte noch für eine Weile, machte dann eine Art Haken und verschwand. Wir stiegen wieder ins Auto und wie durch Zauberhand sprang der Wagen plötzlich wieder an, jetzt, wo das Licht verschwunden war.

Ich habe diese Erlebnisse den beiden Autoren Johannes von Buttlar und Michael Hesemann erzählt, die in unseren Sendungen zum Thema zu Gast waren. Beide bezeichneten unabhängig voneinander die beiden Orte, an denen ich Sichtungen gemacht habe, als „Hotspots" für Ufo-Sichtungen – Florida und die Steiermark. Wobei sie betonten, dass es sich um „unbekannte Phänomene" handle, nicht um Außerirdische. Ich persönlich sehe das aber eher wie Fox Mulder in der TV-Serie *Akte X*: „Die Wahrheit ist irgendwo dort draußen." Denn nur weil man etwas nicht weiß oder erklären kann, heißt das noch lange nicht, dass es nicht existiert.

TREFFPUNKT

Am 12. Jänner 1998 ging die Nachmittags-Talkshow *Treffpunkt Österreich* das erste Mal in ORF 2 auf Sendung. Sie war das Nachfolgeformat von *Schiejok täglich* und bestand eigentlich aus neun Sendungen, denn jedes Bundesland produzierte eine eigene Version – ganz nach Vorbild der Sendung *Bundesland heute*. Ich war als Fernsehregisseur im Team von *Treffpunkt Niederösterreich:* Von Montag bis Freitag wurden vor allem Themen, aber auch Schicksale, die vor allem Niederösterreich betrafen, besprochen. Zu Gast waren dabei immer Personen, die das Bundesland auf die eine oder andere Art bewegten.

Bei dieser Sendung konnte ich meine Regieerfahrungen nicht nur nutzen, sondern auch erweitern. Es war eine tägliche Liveregie mit vier Kameras, bei der ich mein Können und meine Teamführungsqualitäten unter Beweis stellen musste. Anfangs war es nicht leicht, denn die Kameraleute sowie Bild- und Tonmeister kamen mehrheitlich aus dem Rundfunkbereich oder waren *Niederösterreich heute* gewohnt, wo vorwiegend ein Moderator oder eine Moderatorin im Studio stand. Ab sofort waren es aber mindestens fünf Personen, und bei einem Livegespräch geht es darum, immer jene Person rechtzeitig im Bild zu haben und hören zu können, die gerade spricht. Der *Treffpunkt* war zu 99 Prozent eine Livesendung, die abwechselnd von Alexandra Hilverth, Johannes Hoppe und Karl Trahbüchler moderiert wurde. Teamleiter war der mir bestens bekannte Edgar Böhm.

Wir sendeten den *Treffpunkt Niederösterreich* aus aus dem Studio 3 des Wiener Funkhauses – einem Studio mit Geschichte. Nachdem der aufwendige, vom Ständestaat initiierte Neubau der RAVAG, der Radio-Verkehrs-AG, unter dem Namen „Reichssender Wien" eröffnet worden war, war das Studio zur Arbeitsstätte für Generationen von Musikern und Musikerinnen geworden, die hier Radiokonzerte gaben.

Für uns wurde es nun zum Fernsehstudio. An den Wänden des fensterlosen Raumes sah man eine Auenlandschaft in Grün- und Blautönen – Wasserflächen, Wiesen, Bäume und Tiere –, die sich zum Bild einer freundlichen Natur vereinte. Diese Auenlandschaft im Studio 3 des Wiener Funkhauses ist eine der wenigen erhaltenen Arbeiten Hilda Jessers auf dem Gebiet der dekorativen Malerei, wenn nicht sogar die einzige. Das Wandgemälde stammt aus dem Jahr 1939 und steht unter Denkmalschutz. Für unsere Fernsehsendung deckten wir es allerdings mit beleuchteten Dekorationselementen ab.

Anfänglich gingen wir inhaltlich und optisch mit dem neuen Talkformat auf Nummer sicher. Es gab kaum Kamerafahrten, aber nach und nach entwickelten wir uns mit dem *Treffpunkt* von einer reinen Talksendung weg, wurden mutiger und bauten Aktionen ein. Nach dem ersten Sommer machten wir einmal pro Monat prominente Gäste zum Inhalt der Sendungen. Da waren einmal mehr meine Kontakte ins Showbusiness gefragt, und ich entwickelte ein Format, in dem Prominente mit ihren Fans zusammentrafen. Es war eine Mischung aus Quiz, Talk, Gesangsauftritten und Spielen. Wieder einmal war die EAV erste Anlaufstelle: Sie sangen drei Songs; Fans mussten ihr Wissen über die Band unter Beweis stellen und in Spielen gegen sie antreten, unter anderem sollten sie einen Hindernisparcours bewältigen und dabei Wannen mit Wasser auffüllen. Wer die EAV kennt, weiß, dass sie dabei mit vollem Einsatz bei der Sache waren. Am Ende der Sendung stand die Studiofläche leicht unter Wasser. Meine Mutter war damals als Zuschauerin live vor Ort und hat sich köstlich amüsiert. Beim Abbau rann sogar aus den Stromkabeln das Wasser.

Für eine andere prominent besetzte Sendung, die anlässlich eines Schlagerevents von Radio Niederösterreich stattfand, holten wir einen Tag vorher die Highlights nach Wien und veranstalteten eine Mini-Schlagernacht auf der Wiese hinter dem Funkhaus. Wir legten Hunderte Meter Kabel für Kameras und Ton aus und bauten eine kleine Bühne. Unser Handicap war, dass es am Vorstag geregnet hatte, wobei das eher eine Erschwernis für die Sängerinnen war: Kristina Bach kam in zehn Zentimeter hohen High Heels und versank gleich im Rasen. Das waren bei den Proben zwar einmalige Aufnahmen, aber wir mussten eine Lösung finden. Die bestand in einer 30 mal 30 Zentimeter großen Holzplatte – eine größere war auf die Schnelle nicht aufzutreiben. Die Performance beschränkte sich dann auf leicht wippende Bewegungen, aber immerhin hatte die deutsche Sängerin so festen Boden unter den Füßen.

Die Technik und ich wurden immer mutiger und experimentierfreudiger. Wir reizten die Ressourcen aus, so weit es ging. Aber auch inhaltlich sorgte der *Treffpunkt* für Aufsehen. In einer Sendung hatte ich den *Bullen von Tölz* Ottfried Fischer und *Schwarzwaldklinik*-Arzt Klausjürgen Wussow eingeladen, die beide gerade für Lesungen in Österreich waren. Die beiden kannten sich gut, und so war der Moderator mehr Stichwortgeber als Talkmaster. Bis zu dem Zeitpunkt, als Klausjürgen Wussow erklärte, er habe auch viel Medizinisches von der *Schwarzwaldklinik* und der *Klinik unter Palmen* gelernt. Er erzählte, dass Fans ihn manchmal sogar um Diagnosen bei einem Wehwehchen baten und er dann oft auch ärztliche Ratschläge gebe. Er sei, sagte er, ja mittlerweile Experte. Vielleicht glaubte er damals, die Aussage werde sowieso nur in Niederösterreich gesehen – ich lasse das an dieser Stelle unkommentiert.

Probe mit der EAV im ORF Treffpunkt Niederösterreich

25

25 – Das Magazin ist der Titel einer Fernsehsendung, die von Oktober 2002 bis Oktober 2004 auf ORF 1 ausgestrahlt wurde. Die Moderation erfolgte im wöchentlichen Wechsel durch Christoph Feurstein und Miriam Hie. Ich war an der Entwicklung und Umsetzung der Sendung beteiligt. Der Name kam daher, dass das tägliche Magazin 25 Minuten lang war und sich an Zuschauer um die 25 Jahre richtete. Pro Sendung gab es vier bis fünf Beiträge zu den Themen Lifestyle, Jugendkultur, Stars, Trends, Hintergründe, Kurioses und Schicksale.

Die Redaktion war bunt zusammengewürfelt – sie bestand aus arrivierten Fernsehmachern, aus jungen, weniger erfahrenen Redakteurinnen, Kollegen aus dem Newsbereich sowie Kolleginnen aus den Landesstudios. In dieser Zeit lernte ich meine spätere Lieblingskollegin Sybill Dolenz kennen – sie kam aus der *Willkommen-Österreich*-Redaktion. Ich weiß noch, dass sie mir zum ersten Mal auffiel, als sie die Redaktion eines Abends mit den Worten „Ich muss jetzt nach Hause putzen" verließ. Das war für mich damals sehr ungewöhnlich. Sybill Dolenz kam gerade „frisch" aus der Universität, wir waren beide für die Unterhaltungsgeschichten zuständig und haben regelmäßig zusammengearbeitet. Wir waren bald wie Clever und Smart oder auch Pinky und Brain. Wobei ich nicht das Brain von uns beiden war. Aus der 23 Jahre andauernden Zusammenarbeit ist eine Freundschaft entstanden, die bis heute anhält.

Meine Aufgaben umfassten damals Beitragsgestaltung und Studioregie. Unser Moderatoren-Duo waren Miriam Hie und Christoph Feurstein. Es war Miriam Hies erster Moderationsjob, und dementsprechend viel Zeit nahm ich mir für sie. Ich weiß noch, wie ich versuchte zu vermitteln: Das Wichtigste bei jedem Job ist nicht, ob man diesen erlernen kann, sondern ob man ihn erlernen will. Ob Du Moderatorin wirst, entscheidest nur du selbst. Wenn so etwas andere für einen entscheiden, wird selbst der schönste Beruf zu Qual!

Einige Beiträge sind mir in bester Erinnerung geblieben. Der erste, den ich für das Magazin gemacht habe, war ein Bericht über die Erotikmesse in Wels. Diese Messe der Erotik- und Pornobranche war wie eine eigene Welt. Glücklicherweise hatte ich mit Gabi Hanke eine Kamerafrau, die mir durch ihre Kameraführung sehr half, einen öffentlich-rechtlichen Beitrag zu liefern und keine Schmuddelstory. Ihre Blickwinkel und Kamerapositionen sorgten dafür, dass nicht alles gezeigt wurde, was zu sehen war – denn wie heißt es in der Fernsehbranche so schön: „Vordergrund macht Bild gesund!"

Zu den Stargästen der Messe gehörte damals eine Frau namens Tyra Misoux. Sie hatte eine eigene Bühne und ließ sich von den Besuchern in unterschiedlichsten Positionen filmen und fotografieren. Wir hatten einen Termin für ein Interview vereinbart – und nach einer ihrer Liveshows war es dann so weit. Tyra erschien zum Interview – völlig nackt! Wir waren ja schließlich auf einer Erotikmesse. Als der Tonassistent mit einem Ansteckmikrofon auf sie zuging, dachte ich nur amüsiert: „Was wird das jetzt?" So stand er dann vor ihr, musterte sie von Kopf bis Fuß – und ging dann unverrichteter Dinge mit den Worten „Das hätte sich auch erledigt" wieder in Richtung Tonmischer. Das Interview haben wir dann mit einem Handmikrofon gemacht.

Wir haben für das Magazin auch Stars ins Ausland begleitet, wie etwa 2003 DJ Ötzi nach Mallorca. Dort sollte er seinen „Burger Dance"-Song präsentieren, und Sybill Dolenz und ich reisten mit zwei Fans für ein paar Tage nach Palma de Mallorca, um DJ Ötzi auf seiner Promotiontour zu begleiten. Seine Plattenfirma ermöglichte diesen Trip, es war mein erster auf die Insel.

Gerry Friedle, wie DJ Ötzi tatsächlich heißt, war uns bereits von anderen Anlässen bekannt. Wir trafen uns am Flughafen von Palma, fuhren ins Hotel und danach zur ersten Station unserer Dreharbeiten:

ins Tonstudio. Unser Kamerateam war aus Palma und sprach leider kein Deutsch und nur wenig Englisch. Das machte die Verständigung nicht gerade einfach. Zeichensprache war also angesagt – manchmal hatte die Kommunikation auch etwas von Scharade. Weil Gerry uns „sein" Mallorca präsentieren wollte, fuhren wir im „wilden Ritt" in zwei Geländewagen über die Insel, er vorne Sybill, das Kamerateam und ich folgten im zweiten Auto. Der Kameramann filmte, im Stehen und mit einem Gurt am Überrollbügel gesichert, wie Gerry uns ziemlich leicht abschüttelte. Zwar hatten wir vorab besprochen, wohin die Reise gehen sollte, aber der Sänger verlieh der Definition von „spontaner Autofahrer" eine neue Dimension – nach wenigen Minuten bog er plötzlich ohne Blinker von der Autobahn ab. Und wir glühten in voller Geschwindigkeit an der Ausfahrt vorbei. Wir quittierten diese Aktion mit einem „Oida!", der Kameramann meinte nur: „Caramba!"

Da wir auf der Autobahn natürlich nicht umdrehen konnten und zudem nicht ortskundig waren, dauerte es etwa 30 Minuten, bis wir Gerry wiedergefunden hatten. Das Ziel der waghalsigen Fahrt war dann eine gewaltige Baustelle, auf der zwei Bagger neben einem riesigen Loch standen. Gerry deutete unsere ungläubigen Blicke richtig und erklärte sehr rasch, dass hier gerade die neue Finca von Michael Douglas entstand. Auch schön.

Sein Auftritt fand später in der Großraum-Disco Oberbayern in El Arenal statt – eine völlig neue Erfahrung für mich. Enges Gedränge im Zuschauerbereich, extreme Temperaturen, alles roch nach Schweiß und Alkohol, vorwiegend nach Bier. Doch die Fans waren textsicher, sangen lautstark und leidenschaftlich mit und feuerten den Sänger auf der Bühne an. Bei jedem Song animierte Gerry die Zuschauer zum Mitmachen, die Stimmung wurde dadurch immer aufgeheizter. Irgendwann war das Gedränge so groß, dass wir nicht mehr von der Bühne geschweige denn zum Ausgang kamen. Wir erhielten Asyl in der Künstlergarderobe von Gerry und Guildo Horn, der davor aufgetreten war. Das ermöglichte uns einen Blick in die Garderobe der

Stars, die damals bei Weitem nicht so glamourös war wie heute: ein Tisch, zwei Sessel, eine Couch und ein Spiegel – das war's. Doch gemeinsame Tage und Erlebnisse schweißen zusammen – nach dieser Reise waren wir meist die Ersten, die informiert wurden, wenn DJ Ötzi Neues zu berichten hatte

.

MIRIAM HIE SCHREIBT DAZU

Günther Löffelmann war der eigentliche bunte Hund in der *25 – Das-Magazin*-Familie. Weil er bunte Sachen und einen (temporären) exotischen Spitznamen trug: Coco. Ich wühle in der Gedächtnisschublade, wer sich diesen Namen für Gü ausdachte und warum. War's gar er selbst? Für Chanel war er jedenfalls zu bunt. In seiner Funktion als Studioregisseur habe ich Günther „Coco" Löffelmanns Stimme jedenfalls lebhaft in Erinnerung. Mit seinem Humor und Enthusiasmus schien alles gar nicht so arg zu sein – vor allem für mich, die zum ersten Mal im Leben vor der Kamera eine Livesendung moderierte, die Zigtausende Zuschauer und Zuschauerinnen verfolgten. Ein neues Format, ein neues Gesicht, Coco Löffelmann sprach mir aus dem Regiekammerl aufmunternde Worte zu. Wer ihn kennt: Seine Fragen an dich enden immer mit schelmischen Strahleaugen und einem Ausdruck um die Mundwinkel, bei dem man nie sicher sein konnte, wie viel Ironie drinsteckt. Deshalb war ich manchmal ganz froh, wenn ich nur seine Stimme hörte – ein Lachkrampf war trotzdem nie ganz ausgeschlossen.

Seit die Zeit bei *25 – Das Magazin* zu Ende gegangen ist, begegnen Günther und ich uns unregelmäßig, aber das regelmäßig. Er holt mich immer wieder vors Mikro für kurze Interviews, und egal, wie groß gerade meine *social anxiety* auch ist: Ich fühl mich nie „aufgebladelt", sondern gut aufgehoben. Weil damals, vor über 20 Jahren, als ich die ersten Schritte als TV-Moderatorin machte, war der Herr Löffelmann, der Günther, der Coco, der bunte Hund einer meiner Verbündeten. Und ist es hoffentlich immer geblieben, weil so fühlt sich's an.

Miriam Hie

WARTEZEIT

Ich werde oft gefragt, wer denn mein Lieblings- oder auch schlimmster Interviewpartner war. Die Frage kann ich nicht beantworten, denn mit fast allen hatte ich eine sehr gute Gesprächsbasis. Ich versuchte immer, allen auf Augenhöhe zu begegnen. Vielleicht hatte ich all die Jahre aber auch einfach nur Glück.

Ich habe alle Drehs, die ich jemals begonnen habe, auch zu Ende gebracht – die einzige Ausnahme war ein Interview mit der britischen Girlband Sugababes. Diese wurde in den frühen 2000er-Jahren mit Liedern wie „Overload", „Round Round" und „Push the Button" weltberühmt und erreichte die Spitzen der Charts. Doch der Erfolg stieg dem Trio damals scheinbar ein bisschen zu Kopf.

Wir hatten vor einem Auftritt einen Interviewtermin im *Hotel Triest* mit der Band und dazu zwei Kameras und mehrere Scheinwerfer aufgebaut, also mehr Aufwand betrieben als bei einem Ein-Personen-Interview. Und dann hieß es: warten auf die Künstlerinnen. Nach 30 Minuten wurden wir unruhig, genauso wie die österreichischen Betreuer der Plattenfirma. Nach 45 Minuten fragte ich die Promotorin, ob sie sicher sei, dass das Interview noch stattfinden würde. Sie fragte beim Personal Manager der Sugababes nach und kam mit der Antwort zurück, die drei wären gleich so weit, sie könnten sich nur nicht auf das Outfit einigen. Der Kameramann und ich schüttelten nur den Kopf.

Als nach einer Stunde noch immer kein Ende des Wartens in Sicht war, stand ich auf und beendete die Szene. Meine Geduld war am Ende. Und als wir Scheinwerfer und Kamera zusammengepackt hatten, betrat der Manager das Hotelzimmer und meinte, die Band sei jetzt bereit für das Interview. Ich lehnte dankend ab und erklärte ihm höflich, aber bestimmt, dass ich es ausgesprochen unprofessionell fand – und das finde ich noch immer –, ein Fernsehteam mehr als eine Stunde warten zu lassen, wenn ein Interviewtermin fixiert ist. Auch wenn es den Spruch gibt „Die Hälfte des Lebens wartet man beim Fernsehen vergebens“ – irgendwann reicht es.

Beim Verlassen des Hotels rief ich eine Promotorin einer anderen Plattenfirma an, die die ebenfalls britische Girlband Atomic Kitten betreute, die zufällig zeitgleich zur Promotion ihres neuen Albums in Wien war. Ich schilderte ihr, was passiert war, und fragte, ob wir eine Chance auf ein Zehn-Minuten-Interview hätten. Die Promotorin lachte am Telefon laut auf, versprach aber, gleich zurückzurufen. Keine fünf Minuten später hatten wir die Zusage für ein Interview mit den beiden Bandmitgliedern Natasha Hamilton und Jenny Frost.

In deren Hotelzimmer herrschte eine ganz andere Stimmung: Man hörte ständig eine der beiden lachen, während wir unsere Technik aufbauten, und bevor das Interview begann, unterhielten wir uns über unsere Magazin. Sie wollten ganz genau wissen, wer unsere Sendung anschaute, wie wir arbeiteten und welche Musik in Österreich gehört wurde. Sie kannten sogar Falco. Aber wer tat das nicht?

Man muss wissen: Die 1990er-Jahre waren das Zeitalter der Girlbands. Die bekannteste waren ohne Zweifel die Spice Girls, aber in ihrem Schatten gab es eben auch Atomic Kitten. Ihre Singles „Whole Again“ und die beiden Coverversionen „Eternal Flame“ und „The Tide Is High“ hatten das Trio international bekannt gemacht und in etlichen Ländern an der Spitze der Charts landen lassen.

Unser Interview mit den beiden „Atom-Kätzchen“ drehte sich dann aber nicht nur um Musik und ihr neues Album, denn Sängerin Natasha Hamilton war wenige Wochen zuvor Mutter geworden. Und so entstand ein sehr offener und unterhaltsamer Talk über Mütter im Popbusiness, bei dem Natasha unter anderem erzählte, dass sie vor der Geburt schon fix und fertig gepackt hatte, um ins Krankenhaus zu fahren, ihr Partner sich aber noch genüsslich rasierte und sie warten ließ. Jenny Frost meinte im Gespräch dann nur flapsig: „Die Männer haben von der Natur ja auch von Anfang an den Spaßpart beim Kindermachen und Kinderkriegen bekommen!“ Britischer Humor ist eben anders.

AND THE OSCAR GOES TO ...

25 – Das Magazin etablierte sich schnell, ganz im Sinne der Pro7-Sendung *taff*, als Unterhaltungsmagazin. Wir sorgten stets dafür, eine Mischung aus österreichischen und internationalen Berichten anzubieten. Internationale Meldungen stammten dabei meist von Agenturen und wurden von uns redaktionell bearbeitet. Daher war es umso erstaunlicher, dass Sybill Dolenz und ich es schafften, die Genehmigung für eine Berichterstattung von den Oscars zu bekommen. Sprich: Wir flogen 2003 für zehn Tage nach Los Angeles zur bekanntesten Filmpreisverleihung der Welt. Unsere Aufgabe bestand darin, „kulinarische Beiträge" rund um die Oscars, am besten zwei täglich mit einer Dauer von vier bis fünf Minuten, zu liefern. Theoretisch handelte es sich um ein Vorhaben wie jedes andere – die Realität sah jedoch anders aus.

Unsere Anfragen per Fax und E-Mail blieben größtenteils unbeantwortet. Auch von der Pressestelle der Oscars. Österreicher in Los Angeles wie der Koch Wolfgang Puck antworteten dagegen sofort. Es war von Vorteil, dass wir einen „Oscar-Contest" in unserem Vorabendmagazin organisiert hatten. Dadurch durften Kathrin Wrodnigg und Christoph Steiner uns nach L.A. begleiten, und wir konnten Beiträge gestalten, wie die beiden den Rummel erlebten.

In Kalifornien, das nach Arnold Schwarzeneggers Wahl zum Gouverneur in den Medien einmal scherzhaft als „zehntes österreichisches Bundesland" tituliert worden war, hätten viele ohne ihren unternehmerischen Geist nicht „überlebt". Kaum irgendwo sonst hat die legendäre amerikanische Geschichte vom Aufstieg vom Tellerwäscher zum Millionär so sichtbare Gestalt angenommen wie hier. Los Angeles ist mit österreichischen, ja mit europäischen Städten nicht vergleichbar. In der ehemaligen Goldgräberstadt versuchen noch immer Hunderttausende Menschen Jahr für Jahr ihr Glück. Für die einen ist ein multikulturelles Paradies, für andere, denen die Heimat zu eng geworden ist, ein Exil. Jedes Stadtviertel verfügt über seinen ganz eigenen Charme und spannende Attraktionen. Die Stadt hat unglaublich viel zu bieten. Wenn man nach Glamour, Trubel und aufregenden Erlebnissen sucht, ist Los Angeles genau der richtige Ort.

Der Walk of Fame, das Chinese Theatre mit den einzementierten Handabdrücken der Stars und vor allem der als Sunset Strip bekannte Abschnitt des Sunset Boulevard mit den leuchtenden Reklametafeln, den zahlreichen Restaurants und berühmten Nachtclubs beeindruckten uns. Diese Gegend gleicht in der Zeit vor den Oscars einem Bienenstock: Touristen, Schaulustige, Kamerateams, Selbstdarsteller und Securities sorgen schon eine Woche vor der großen Show für ein reges Treiben.

Auch Beverly Hills mit seinen Luxusgeschäften von Marken wie Chanel, Dior, Gucci, Lanvin, Tiffany's und Valentino sowie den gehobenen Restaurants ist außergewöhnlich. Hier ist Sehen und Gesehenwerden das Motto. Wir erspähten am Rodeo Drive auf der gegenüberliegenden Straßenseite sogar den späteren Oscarpreisträger Adrien Brody. Nur der Verkehr hinderte uns, auf ihn loszustürmen.

Wir arbeiteten in L.A. mit einer deutschen Filmproduktionsfirma zusammen – der JuRi Film, die wir zunächst für eine russische Firma hielten. Erst bei näherer Betrachtung stellte sich heraus, dass sich der Name aus den Anfangsbuchstaben der Nachnamen der beiden Inhaber Rene Jung und Thomas Rist zusammensetzte. Die beiden waren Kameramänner, die Sybill und mir eine Woche lang einen ihrer zwei Schnittplätze überließen.

Den ersten Drehtag widmeten wir zwei österreichischen Nachwuchstalenten: dem Regisseur Max Parovsky und dem Schauspieler Xaver Hutter. Ein Porträt über die beiden wurde gleich zu unserer ersten „Österreicher in Los Angeles"-Story. Im Mittelpunkt ihrer Erzählung stand der steinige Weg in die Filmbranche von Hollywood.

Wir führten das Interview in einem ruhigen Innenhof, und sie berichteten, dass sie bei der „Green-Card-Lottery", der Verlosung von Aufenthaltsgenehmigungen, gewonnen hatten – Xaver sogar gleich zweimal.

Während des Interviews, in dem Sybill und ich neben der Kamera saßen, bemerkten wir beide plötzlich einen verbrannten Geruch, ignorierten ihn jedoch. Wir waren ja im Freien. Als aber der Kameramann die Mikrofonbatterien wechseln wollte, intensivierte sich der Geruch von Rauch auf einmal. Ein Blick zur Kamera offenbarte alles: Aus dem Sucher rauchte es. Wir erinnern uns an den Physikunterricht: Eine Linse, besonders eine konvexe, kann Sonnenlicht bündeln und konzentrieren, wodurch ein Brennpunkt entsteht. Dieser Brennpunkt kann so hohe Temperaturen erreichen, dass brennbare Materialien Feuer fangen. Wir wollten heiße Storys liefern, aber doch nicht so!

Am 20. März 2003, drei Tage vor der Oscarverleihung, erklärten die USA dem Irak den Krieg, um Saddam Hussein und sein Regime zu stürzen. Unsere Oscar-Contest-Gewinner landeten an diesem Tag in L.A. und wir hatten eigentlich vor, sie mit dem Kamerateam abzuholen. Doch der Flughafen war mittlerweile eine absolute Sicherheitszone. Trotz Drehgenehmigung waren wir uns nicht sicher, ob wir bis zum Flughafen durchkämen, und erkundigten uns beim österreichischen Generalkonsul in Los Angeles, Peter Launsky-Tieffenthal, ob die Genehmigung noch gültig sei. Seine Antwort lautete: „Erlaubnis ist Erlaubnis", aber er würde uns sicherheitshalber trotzdem zum Dreh am Flughafen begleiten.

An diesem Tag erreichte uns auch eine Anfrage der *Zeit im Bild 2*, ob wir eine Story mit dem Titel „USA im Krieg" aus Los Angeles liefern könnten. Wir sagten zu. Es war die Chance, endlich auch Nachrichten für die Hauptabend zu liefern – bis dahin sahen wir uns eher als Gaukler im Entertainmentbusiness denn als toughe Journalisten.

Vor dem Flughafen wurden alle Fahrzeuge gestoppt und kontrolliert; der Los Angeles International Airport selbst wurden durch Dutzende Uniformierte mit Maschinenpistolen geschützt. Sie waren nervös, da gerade ein Flugzeug aus Israel gelandet war. Doch mit der Hilfe des Generalkonsuls und unserer Genehmigung gelangten wir in die Ankunftshalle, konnten unsere Gewinner empfangen und das erste Interview mit den beiden über ihre Eindrücke drehen. Unser Vorhaben war es, die beiden ebenfalls in die *ZiB2*-Story einzubauen – mit der zentralen Frage, ob man sich als Österreicher noch sicher in den USA fühle, jetzt, wo sie sich im Krieg befanden.

Im Verlauf des Interviews tauchte im Hintergrund ein Mann auf, der uns bekannt vorkam. Es war der ungarische Filmregisseur István Szabó, der 1982 für seinen Spielfilm *Mephisto* mit dem Oscar für den besten fremdsprachigen Film ausgezeichnet worden war. Wir rannten sofort auf ihn zu und baten um ein Interview. Das er uns ohne Zögern gab. Für unsere *ZiB2*-Story hatten wir somit schon eine bekannte Persönlichkeit und interviewten dann auch noch Peter Launsky-Tieffenthal in seiner Rolle als Generalkonsul. Unser Kameramann Thomas Rist war überrascht, wie einfach alles ging.

Vor dem Kodak Theatre, dem jetzigen Dolby Theatre, dem Veranstaltungsort der Oscars, drehten wir erste Einstellungen mit unseren Gewinnern und interviewten noch einen Polizisten. Er erklärte uns, dass Los Angeles vollkommen sicher sei und die USA alles daran setzten, die Oscar-Besucher zu beschützen. In einem nahen Souvenirladen entdeckten wir ein Spiel, bei dem eine Saddam-Hussein- und eine George-Bush-Puppe als Boxer gegeneinander antraten. Kampfgeräusche inklusive. Das wurde zu unserem *ZiB2*-Beitragsende. Ungewöhnlich, aber es berichteten ja auch zwei Gaukler aus dem Kriegsland USA.

Tags darauf waren wir beim Kärntner Starkoch Wolfgang Puck in der Küche seines Restaurants *Spago* zu Besuch, das sich seit 1997 am Canon Drive in Beverly Hills befindet. Im schlichten Design des Restaurants dominierten beige, weiße, braune und schwarze Töne, verantwortlich für den Style ist die Ex-Ehefrau des Kochs, Barbara Lazaroff. Besonders begehrt sind im *Spago* die Plätze im zauberhaften Innenhof mit stimmungsvollen Lichtern und einem Outdoor-Kamin. Es gibt Tische für jene, die unbedingt gesehen werden wollen, und für jene, die das absolut nicht wollen.

Der gebürtige Kärntner Wolfgang Puck hat im Teenageralter seine Heimat verlassen und wanderte in die USA aus, wo er inzwischen Ikonen wie Barbra Streisand oder Joan Collins bewirtet, die für seine legendäre, mit Beluga-Kaviar veredelte Räucherlachs-Pizza schwärmen. Er war überglücklich, uns Landleute in seiner Küche zu begrüßen. Wer sich mit ihm unterhält und seinen Anekdoten lauscht, reist in die Glamourwelt von Hollywood: Die Kardashian-Töchter kamen schon als Kinder auf eine Pizza ins *Spago*; mit Arnold Schwarzenegger feiert er regelmäßig „Oktoberfest" im Anwesen des Gouvernators. Unsere steirische Eiche bestellt bei Puck übrigens immer Wiener Schnitzel, ließ uns der Kärntner wissen.

Puck plauderte über Geschichten mit den Stars – so erzählte er von einem Besuch seiner Schwester, die er mit seinen Gästen Kirk Douglas und Sidney Portier beeindrucken wollte. Als er sie ihr vorstellte, war sie allerdings wenig begeistert, denn sie erkannte die beiden nicht. Stattdessen fiel ihr ein großer Blonder an einem Tisch auf, und sie machte ihren Bruder auf die Showgröße aufmerksam, die da in seinem Lokal saß: Thomas Gottschalk. Seit damals bekommt Gottschalk angeblich immer einen Tisch bei Puck.

Für unsere Kamera bereitete Puck dann sein Oscar-Menü zu: die berühmte Pizza mit geräuchertem Lachs, würziges Thunfisch-Tatar sowie Tempura-Garnelen und Mini-Krabbentörtchen, als Nachtisch gab es mit Gold verzierte Mini-Oscars aus Schokolade. Wir durften, nein mussten, natürlich alles verkosten.

Klaus, Pucks Bruder, führte ebenfalls ein Restaurant in Los Angeles – das *Verde*. Feine Gastronomie in der Nähe des Kodak Theatre, und Wolfgang organisierte für uns einen Drehtermin mit seinem

Bruder. So baut in Hollywood immer einer den anderen auf, und wir hatten spontan die nächste Geschichte über einen in Hollywood tätigen Österreicher.

Der Steirer Charly Temmel zog 1997 mit seiner Frau und seinem sechs Jahre alten Sohn nach Los Angeles, um sein Eisgeschäft in den USA voranzutreiben. Er eröffnete seinen ersten Geschäftssitz in Santa Monica, einem Vorort von Los Angeles, unterstützt von seinem langjährigen Freund Arnold Schwarzenegger. Der hatte sich den amerikanischen Traum als Schauspieler, ehemaliger Bodybuilder, Autor, Unternehmer und Politiker bereits erfüllt und betrieb nicht weit von Charly Temmels Eissalon entfernt das bekannte Promirestaurant *Schatzi on Main*. Charly übernahm das Restaurant später und gewann dadurch zunehmend an Bekanntheit und Aufmerksamkeit.

Das *Schatzi* war nicht nur ein Lokal mit einer eigener Zigarren-Lounge, es war eigentlich ein einziges Schwarzenegger-Museum. Man saß und aß zwischen Kinoplakaten, Fotos aus Filmen, Requisiten und Kostümen in rustikaler Einrichtung, und auf der Speisekarte standen natürlich Schwarzeneggers Lieblingsspeisen: Wiener Schnitzel oder auch „Mamas Apfelstrudel". Auch im *Schatzi* war das TV-Team aus der Heimat willkommen – und so wurden wir mit unseren beiden Gewinnern gleich zur Oscar-Party eingeladen. Nur Schwarzenegger haben wir vor Ort nicht getroffen – obwohl, so ganz stimmt das nicht.

Eines Morgens waren unsere Gewinner mit Sybill Dolenz und einem amerikanischen Karatesportler am Strand von Santa Monica unweit des *Schatzi* zum Dreh. Ich besuchte zu dieser Morgenstunde das *Schatzi*, das noch geschlossen war, und wollte ein wenig fotografieren, als ich plötzlich österreichische Stimmen hörte. Ich näherte mich einer Gruppe von mehreren Personen, die um einen Pinzgauer herumstanden. Merkwürdig, dachte ich mir und beschloss, mich unauffällig im Hintergrund zu halten und abzuwarten. Es sollte keine Viertelstunde dauern, da kam der Terminator persönlich in Begleitung eines Sicherheitsmannes und einer mir unbekannten Person. So viel ich aus meiner Position mitbekam, wurde ihm der Pinzgauer von der österreichischen Gruppe geschenkt. Ich fragte den Security-Mann, ob es möglich wäre, kurz mit Schwarzenegger zu reden, doch der blockte ab. Ich rief trotzdem sofort Sybill an, um sie und das Kamerateam zum *Schatzi* zu lotsen. Ich wollte Arni zumindest vor Ort filmen, wenn es schon unmöglich war, ein Interview zu bekommen. Aus dem parkenden Auto begannen wir, das Zusammentreffen zu drehen, allerdings nicht lange. Wo auch immer der hergekommen war, plötzlich stand ein Security-Mann vor unserer Kamera und vereitelte unser Vorhaben. Aber wir hatten Arnold zumindest sieben Sekunden lang im Bild gehabt.

Die Backstage-Storys über die Oscars zu erstellen, war ebenfalls schwieriger als gedacht. Kamerateams durften nur zu ganz bestimmten Zeiten auf das Gelände des Kodak Theatre. Der Veranstaltungs- und Konzertsaal am Hollywood Boulevard, in welchem seit 2002 die Oscars der Academy of Motion Picture Arts and Sciences verliehen werden, wurde speziell für diesen Zweck errichtet. Er bietet bis zu 3400 Sitzplätze und hat eine der größten Bühnen der USA sowie dahinter einen eigens für die Presse vorgesehenen Raum für 1500 Journalisten. Hier sind schon Musicals auf- und Schönheitswettbewerbe durchgeführt worden, auch einige Emmy-Preisverleihungen sowie die meisten Endrunden der Castingshow *American Idol.*

Hillary Clinton und Barack Obama fochten hier im Vorwahlkampf um die Nominierung zum US-Präsidentschaftskandidaten der demokratischen Partei ihr direktes Fernsehduell aus. Vor dem Theater verläuft ein Teil des berühmten Walk of Fame. Der Stern von Muhammad Ali befindet sich an der Fassade des Theaters, da Ali nicht wollte, dass „Leute auf dem Namen meines Geliebten Propheten herumtrampeln, von dem mein Name stammt".

Das Epizentrum für die Presse bei den Oscars ist die Akkreditierungsstelle, wo man offizielle Interviewtermine mit Verantwortlichen der Show durchführt. Meist arbeiteten Sybill und ich abwechselnd, das hieß, wer vormittags drehte, musste nachmittags schneiden, wer nachmittags drehte, musste abends schneiden.

Unsere Backstagepässe waren nicht überall gültig und berechtigten lediglich Sybill, das Kamerateam und mich, das Kodak Theatre zu betreten. Um außergewöhnliche oder „andere" Geschichten zu drehen, mussten wir mit Überredungskunst oder Tricks arbeiten. Wir nutzten Mozartkugeln: Wir konnten die PR-Menschen der Oscars mit den mitgebrachten Süßigkeiten „bestechen", uns Tipps zu geben, wo wir wichtige Interviewpartner finden konnten. Unser Spitzname *The Mozartkugel Guys* war bald etabliert.

Als es darum ging, unsere beiden Gewinner in die Halle zu den Oscar-Proben mitzunehmen und mit ihnen im Kodak Theatre zu drehen, halfen aber selbst die Mozartkugeln nicht mehr. Wir bedienten uns also einer anderen List: Unsere Pässe mussten zwar gut sichtbar getragen werden, waren jedoch nicht auf einen Namen ausgestellt. Wir entschieden, dass der Tonassistent an diesem Tag außerhalb der Halle bleiben sollte. Danach losten Sybill und ich aus, wer von uns beiden mit ihm draußen warten sollte. Ich gewann – und so schmuggelten wir unsere zwei Sieger ins „Allerheiligste", dorthin, wo die Show stattfand! So schafften wir es mit unseren Gewinnern tatsächlich backstage in die Oscar-Proben. Die Bühne war imposant groß, doch der Zuschauerraum sah im Fernsehen größer aus. Auf den zugewiesenen Sitzplätzen waren Fotos der Superstars platziert. So konnten Kameraleute die richtigen Einstellungen einüben.

Es herrschte geschäftiges Treiben, denn es war der Donnerstag vor der Show. Mit uns waren Dutzende TV-Teams in der Halle, jedes von ihnen hatte 30 Minuten, um ihre Aufnahmen zu machen. Die beiden Gewinner waren total überwältigt, nicht nur von der Hektik, sondern auch davon, dass sie nun tatsächlich beim Oscar angekommen waren. Wir ließen sie durch den Saal gehen, mit den Pappaufstellern posieren und vor dem Theater, am bereits ausgerollten roten Teppich, über ihre Eindrücke in die Kamera erzählen.

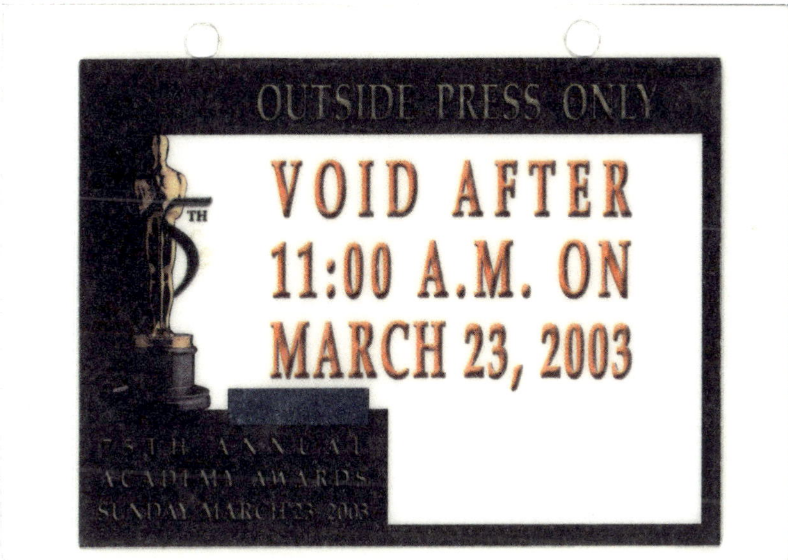

Akkreditierung zu den 75. Oscar Awards

Die Beiträge wurden täglich im Pacific Television Center via Satellit nach Österreich überspielt, sodass sie um 17.00 Uhr österreichischer Zeit eintrafen. Das Innere dieses Gebäudes sah aus wie ein riesiger Maschinenraum, zahlreiche Techniktürme mit Abspielgeräten für die verschiedenen Bandformate und eine kleine Kaffeeküche bildeten die Einrichtung. Wegen des neunstündigen Zeitunterschieds zwischen Wien und Los Angeles überspielten wir unsere Geschichten größtenteils zwischen 3.00 Uhr und spätestens 5.00 Uhr morgens. Man wusste nie, ob die Übertragung klappen würde, die Leitungen kollabierten häufig.

Während eines Überspiel-Termins verfolgte ich auf einem Monitor eine Fernsehsendung, in der die Oscarpreisträgerin Susan Sarandon aus einem Studio über den Oscarrummel sprach und den Krieg zwischen den USA und dem Irak verurteilte. In der Werbepause gönnte ich mir einen weiteren Kaffee, als ich neben mir plötzlich eine weibliche Stimme hörte, die fragte: „Would you be so kind to give me some coffee before the show continues?" – „Wären Sie so nett, mir einen Kaffee zu machen, bevor die Sendung weitergeht?" Neben mir stand Susan Sarandon – und ich war, wie man auf Wienerisch sagt, sehr „schmähstad". Es war nur ein „Of course", „Na klar", das ich herausbrachte. Mein „Date" mit dem Superstar war nur von kurzer Dauer: Sie nahm dankbar den Kaffee entgegen, lächelte und verschwand mit einem „Thank you" wieder hinter einer Studiotür.

Im Pacific Television Center sitzen oft Stars, die über eine Leitung in eine Show zugeschaltet werden, erfuhr ich dann vom Techniker. Insbesondere zur Oscar-Zeit. Da die Sendung, in der Sarandon zu Gast war, noch länger andauerte, verließen wir den Ort ohne Foto oder Autogramm. Die Erinnerung jedoch bleibt.

Vorbereitungen für die Oscarverleihung

Einige Tage später, als im Pacific Television Center angenehme Ruhe herrschte, waren wir wieder an Ort und Stelle, um zu überspielen. Der Techniker kannte uns schon, und wir plauderten, als uns plötzlich ein 1,96 Meter großer Mann mit Schnurrbart und britischem Akzent begrüßte: John Cleese, der britische Komiker, Schauspieler, Drehbuchautor und Synchronsprecher, der als Mitglied der Komikergruppe Monty Python weltberühmt geworden war. Wir gaben uns als Österreicher zu erkennen und Cleese wechselte plötzlich die Sprache und unterhielt sich mit uns auf Deutsch, das er, wie sich herausstellte, in der Schule gelernt hatte. Die Oscars seien nicht so sein Ding, ließ er uns wissen, deshalb nehme er gerne an Liveschaltungen in Talkshows teil, weil er da nirgends hinfahren müsse. Ihn interessierte Wien, er wolle wieder einmal hinfahren, um sein Deutsch zu verbessern. Als er sich verabschiedete, erfüllte er noch meinen Autogrammwunsch – auf einem Folder des Pacific Television Center. Er bedauerte, dass er keine Autogrammfotos dabeihatte.

In dieser Nacht war es mir weniger wichtig, dass unsere Geschichten in Wien ankamen, ich beschäftigte mich mehr mit dem Umstand, ein echtes Mitglied von Monty Python getroffen zu haben. Als ich Cleese 2010 während der Dreharbeiten zu Werbespots für den Wettanbieter William Hill wiedertraf, konnte er sich noch an die zwei Ösis erinnern, behauptete er zumindest.

Autogramm von John Cleese

FRECHHEIT SIEGT

Nach den Oscars begegnete ich David Hasselhoff in Wien wieder. Er veröffentlichte gerade das neue Album *Sings America* und bat zu Interviews in einem Wiener Hotel. David war bester Laune und sprach nicht nur über das neue Album, sondern auch über seine *Baywatch*-Zeit. Nach dem Interview plauderten wir noch ein wenig, während das Kamerateam zusammenpackte, und erstaunlicherweise konnte er sich noch an Schladming und die Kindershow erinnern. Als ich ihm mitteilte, dass ich damals der Redakteur gewesen war, strahlte er mich an und sagte: „Schön, dass man sich nach all den Jahren wieder sieht!" Und plötzlich sprach er eine Einladung aus, ihn zum „Walk of Stars" im Gasometer zu begleiten. Denn auch in Wien wurden, ganz im Stil des Walk of Fame in Hollywood, die Fuß- und Handabdrücke von Prominenten in Beton verewigt. An diesem Tag wurde Hasselhoff diese Ehre zuteil. „Das wären doch tolle Aufnahmen", sagte er. Das musste er nicht zweimal sagen.

Im Gasometer warteten bereits Hunderte Fans. Ein geheimer Aufzug brachte David von der Garage zum Ort des Geschehens. Sein österreichischer Manager Herbert Fechter begleitete ihn, ebenso wie eine Person, die alles auf Video festhielt. Unter einem Blitzlichtgewitter legte der Superstar seine Hände und Füße in den Zement und lächelte geduldig in die Kameras. Ich hatte den Eindruck, dass er dabei immer etwas länger in unsere Richtung schaute.

Nachdem das Spektakel vorbei war, fiel mir eine gewisse Unruhe in der Umgebung des Stars auf, und plötzlich stand sein österreichischer Manager neben mir und berichtete, dass David wegen eines leeren Akkus keine eigenen Aufnahmen von der Verewigung in österreichischem Zement hatte. Doch er wollte seinen Freunden und seiner Familie gern demonstrieren, welcher Trubel um ihn in Österreich herrschte, und der Manager fragte deshalb, ob er unser Material für private Zwecke zur Erinnerung bekommen könnte. Da Frechheit bekanntlich siegt, bot ich Kopien unseres Drehmaterials im Austausch gegen eine Homestory an, wir würden ja bald wieder bei den Oscars in L.A. sein. Der Weltstar willigte grinsend ein.

Und als Sybill Dolenz und ich 2004 ein zweites Mal zu den Oscars flogen, hatten wir erneut Mozartkugeln im Gepäck. Wieder haben wir einen Mix aus aktuellen Storys rund um den Filmpreis und Geschichten von Österreichern vor Ort gestaltet, wie eine Homestory über den österreichischen Komponisten und Musikproduzenten Peter Wolf, der bereits mehrfach für den Grammy nominiert worden war. Wolf emigrierte 1975 in die USA und traf dort den Musiker Frank Zappa, dessen Keyboarder er von 1976 bis 1980 wurde. Er lebte zusammen mit seiner Frau und zwei Hunden in den Hügeln Malibus in einem geräumigen Haus mit Blick über den Pazifik.

An der Einfahrt stand *Villa di Sensi*, Haus der Sinne, und hinter dem ferngesteuerten Tor warteten die beiden Hunde Lucy und Sir Humphrey schon auf uns. Der Wohnraum des Hauses war äußerst großzügig, mit großen Glasfronten, die viel Sonnenlicht hereinließen. Die Wände waren mit Dutzenden Gold- und Platin-Schallplatten geschmückt. Im Garten zeigte Peter uns ein ganz besonderes Stück: Im Betonrand um einen Kanaldeckel hatte sich ein gewisser Miles D. verewigt und die Zahl 87 dazugeschrieben – kein Geringerer als Miles Davis. Die Inschrift war entstanden, als das Haus noch einem gewissen Elliott Roberts, Manager von Bruce Springsteen und Neil Young, gehörte. Wir erfuhren, dass Miles Davis ein paar Häuser weiter gewohnt hatte und ab und zu zum Rauchen und Plaudern rübergekommen war

Wolf arbeitete gerade an einer „Symphonie in sieben Sinnen“, die im September 2004 in Linz aufgeführt werden sollte und stand deshalb ziemlich unter Druck. Im Keller hatte er sich ein Tonstudio eingerichtet und gab uns dort eine exklusive Hörprobe der Symphonie, spielte aber auch seinen Klassiker „We Built This City“ an. Aus unserem einstündigen Termin wurden drei Stunden, ein Gläschen Rotwein inklusive.

In diesem Jahr trafen wir Wolfgang Puck nicht in seinem Restaurant, sondern im Kodak Theatre bei den Vorbereitungen für den Governors Ball, für den man eigens eine Küche ins Theater gebaut hatte. Es handelte sich um Pucks zehntes Mal bei der Veranstaltung, und da unser Dreh am frühen Nachmittag stattfand, hatte er viel Zeit für uns und zeigte uns und unseren Zuschauern sogar den riesigen Saal – eine Ausnahme, denn normalerweise durften hier keine Kameras rein. Die Tische für 1600 Personen waren bereits elegant eingedeckt, Fotos von Oscargewinnern aus vergangenen Jahren hingen an den Wänden. Natürlich machten wir Erinnerungsfotos – unter anderem mit der überlebensgroßen Oscarstatue.

Mit Sybill Dolenz im Kodak Theatre

Wochen nach seinem Malheur in Wien besuchten wir, wie versprochen, David Hasselhoff in seinem Haus im Stadtteil Encino. Der weiße Prachtbau war von der Straße aus nicht zu sehen und wurde von hohen Hecken geschützt. Das Gebäude umfasste drei Etagen, der Wohnbereich war sehr groß und befand sich im Erdgeschoss; die Farben Weiß und Beige dominierten. Das wirkte schon alles sehr feudal.

Sybill und ich teilten uns auf: Ich war diesmal größtenteils für das Interview zuständig, und sie war als zusätzliche Kamerafrau unterwegs. So konnten wir effizienter drehen. An das Wohnzimmer grenzte direkt die Küche, und dort an der Wand hingen Dutzende Schallplatten in Gold, Silber und Platin. Während David vor der Kamera erklärte, wie stolz er auf die Auszeichnungen seiner Gesangskarriere war, wurden wir von der *Knight-Rider*-Melodie unterbrochen – es handelte sich um Davids Klingelton. Er grinste und meinte nur: „You see, I am living in my past." – „Ihr seht ja, ich lebe in der Vergangenheit."

Einen Raum weiter befand sich das Arbeitszimmer, in dem David seine Erinnerungen gesammelt hatte: ein Flipper in *Knight-Rider*-Ausführung, einige Pappaufsteller der Serie *Baywatch*, einige rote Rettungsschwimmerbojen und *Bravo*-Ottos, Preise, die von den Lesern der Jugendzeitschrift an ihre Lieblingsstars verliehen wurden. Besonders stolz war David auf eine rote Badehose hinter Glas – die erste, die er in der Serie getragen hatte. Das verstand ich nur zu gut, auch in meinem Arbeitszimmer hängt bis heute ein Stück Teppich, das ich nach der ersten Staffel von *Taxi Orange* ausgeschnitten habe.

David erklärte immer wieder, wie dankbar er Österreich sei, da seine Gesangskarriere hier losgegangen war. Er erfüllte auch immer wieder die Wünsche nach speziellen Einstellungen: David mit den *Bravo*-Ottos, David vor der Schallplattenwand, und David relaxend auf der Couch. Im hinteren Bereich des Hauses befand sich ein Privatkino – selbstverständlich durften wir auch das drehen. Die Amerikaner sind eben stolz auf das, was sie sich geschaffen haben.

Zum Abschluss zeigte er uns dann seine neueste Errungenschaft: Er hatte sich ein eigenes Tonstudio bauen lassen, und wir warfen auch dort einen Blick hinein. Das war Hasselhoff aber zu wenig – er bot uns eine Gesangs-Kostprobe seines neuen Songs dar, als *rough mix* sozusagen. Wir waren das erste österreichische Fernsehteam bei ihm daheim.

Am 29. Februar 2004 wurden die Oscars verliehen, und wir hatten uns für zwei Oscar-Partys registriert, die wir im Internet gefunden hatten. Bei der ersten handelte es sich um die Party des offiziellen *Lord of the Rings*-Fanclubs im legendären Hollywood Athletic Club. Sybill Dolenz trat als Reporterin im Bild auf, und auf der Party entstanden schräge Aufnahmen und Interviews mit Fans in Kostümen – während wir in schwarze Abendgarderobe gekleidet waren, tummelten sich hier Hobbits, Ritter und Königinnen, die die Oscarverleihung auf Monitoren verfolgten und einen Gewinn nach dem anderen feierten: Der dritte Teil von *Der Herr der Ringe* wurde mit insgesamt neun Oscars ausgezeichnet – oder wie Regisseur Steven Spielberg bei der Oscarzeremonie sagte: „It's a clean sweep", ein Durchmarsch also.

Die zweite Party, zu der wir eingeladen waren, war die sogenannte „The Return of the One"-Party im The Hollywood American Legend, einer großen Konzerthalle. Dort waren die Gäste ganz andere: Ein langer roter Teppich war vor der Halle ausgelegt worden, und bodenlange Abendkleider oder Smokings bestimmten das Bild. Als wir ankamen, herrschte bereits beste Stimmung. Vor Ort gab es Gerüchte, dass mindestens zwei oder drei Schauspieler aus *Der Herr der Ringe* zumindest kurz vorbeischauen würden.

Nach und nach erschienen dann tatsächlich Elijah Wood, Dominic Monaghan und John Rhys-Davies, schließlich tauchte sogar Regisseur Peter Jackson auf. Der hatte gerade die Oscars für den besten Film und die beste Regie erhalten. Alle nahmen sich für die Interviews viel Zeit – Peter Jackson war die Person, die am längsten befragt wurde. Sybill wartete am Ende des roten Teppichs, ich war bereits zum Schneiden aufgebrochen, als Peter Jackson, schon am Weg zur nächsten Party, das rote Mikrofon erspähte. Er bremste sich nochmals ein und beantwortete Sybills Fragen. Sie brachte diese Beute zum Endschnitt mit, und wir schlossen unsere Berichterstattung über die Oscars ab.

Während die deutschen und amerikanischen Kollegen bei den Partys von *Vanity Fair* und *InStyle* auf den Cast von *Der Herr der Ringe* gewartet hatten, war das Glück auf der Seite von uns Ösis gewesen – oder wir hatten einfach den richtigen Riecher gehabt.

25 – Das Magazin endete im Oktober 2004, aber ich hatte mir schon über einen längeren Zeitraum ein zweites Standbein im Landesstudio Wien geschaffen. Obgleich es sich dabei um keine regelmäßige Tätigkeit handelte, sicherte sie mein finanzielles Überleben. Die Sendeformate *Österreich-Bild*, *Erlebnis Österreich* sowie die Spendengala für *Licht ins Dunkel* wurden im Landesstudio Wien produziert.

Endlich hatte ich die Möglichkeit, längere Geschichten zu erzählen und zu gestalten. Und das, obwohl Geduld nicht gerade eine meiner Stärken ist. Auch das ORF-Fenster *Alpha Österreich* im Bildungskanal des Bayerischen Rundfunks zeigte Interesse an einigen meiner Arbeiten. Mein Einstieg dort war eine Dokumentation über Österreicher, die in Los Angeles lebten. Zusammen mit Sybill Dolenz konnte ich mit dieser Zweitverwertung des Materials den Auswanderern mehr Raum für Geschichten geben als in den Fünfminuten-Beiträgen für *25*. Die Dokumentation trug den Titel *We are from Austria* und lief im Oktober 2005.

DIE ONKEL VOM MARS

Alpha Österreich produzierte wenig selbst. Wegen des kleinen Jahresbudgets griff man auf Archivmaterial zurück oder sendete Dokumentationen als Wiederholungen. Wenn es dennoch zu einer eigenen Produktion kam, war dies eine Ausnahme und sollte zumindest teilweise finanziert werden. Das war auch die Vorgabe für meine Marsmission. Ja, das haben Sie richtig gelesen. Im April 2006 wurde mithilfe des österreichischen Weltraum Forums (ÖWF) eine analoge Marsmission durchgeführt. Dabei wurde eine reguläre Marsmission auf der Erde simuliert – daher die Bezeichnung „analog" –, um Ergebnisse für eine potenzielle echte Marsmission zu erhalten. Für einen *Star-Trek*- und *Star-Wars*-Fan wie mich war es ein Muss, dabei zu sein.

Durchgeführt wurde die Mission in der Wüste von Utah. Der Kameramann Alex Tomsits, mit dem ich bereits an anderen Dokumentationen gearbeitet habe, und ich waren Teil des Abenteuers, die *preparation week*, die Vorbereitungswoche, mit der Kamera zu begleiten. Neun ausgewählte „Austronauten" wurden dabei zwei Wochen lang der Wüstensonne von Utah ausgesetzt, um einen Aufenthalt auf dem roten Planeten zu simulieren. Ein Kontrollzentrum im Christian Doppler Gymnasium in Salzburg koordinierte die Mission von Österreich aus.

Nach unserer Ankunft fuhren wir mit der Crew in fünf Vans von Salt Lake City nach Hanksville, als Commander fungierte Norbert Frischauf. Die Stimmung unter den Teilnehmern war ausgelassen, und mein Kameramann und ich wurden sofort integriert. Die vierstündige Autofahrt durch die Wüste ähnelte einer Fahrt in den Skikurs – es wurden Lieder gesungen, Anspannung war nicht zu spüren.

Bei unserer Ankunft in Hanksville war es schon Nacht. Weit und breit war keine Gaststätte zu sehen, auch die Tankstelle war im Begriff zu schließen. Wir schafften es gerade noch, ein paar Bier zu besorgen, um auf die Mission anzustoßen. Hanksville war nicht gerade eine Metropole – beim Frühstück am nächsten Morgen stellte sich heraus, dass die Bedienung des Diners danach im Einkaufsladen tätig war. Es war wenig verwunderlich, dass es hier T-Shirts mit dem Aufdruck *Where the hell is Hanksville?* – Wo zur Hölle ist Hanksville? – zu kaufen gab. Meines besitze ich noch immer.

Nach dem Frühstück ging es zur „Raumstation". Die Mars Society betrieb seit 2000 in Utah eine Station, die einem zukünftigen Landemodul auf dem Mars entsprach. Das Habitat mit acht Metern Durchmesser umfasste zwei Stockwerke mit Labors, einer Küche, Schlafstätten, Toiletten und einem Gewächshaus. Die *Austronauten* machten auch Ausflüge, entweder zu Fuß oder mit Quads, speziellen Fahrzeugen. Die Umgebung war zweifellos eindrucksvoll, aber auch einschüchternd: Wüste, wohin man blickte! Landschaft in den unterschiedlichsten Rottönen, aber keine Vegetation.

Alex Tomsits & ich bei Dreharbeiten in der Wüste von Utha

In Zusammenarbeit mit der US-amerikanischen Mars Society führten die Ösi-Crew über einen Zeitraum von zwei Wochen Experimente in dieser marsähnlichen Umgebung durch. Hierzu gehörten geophysikalische Versuche, mikrobiologische Untersuchungen sowie Experimente aus den Bereichen Psychologie, Medizin und Astrophysik. Die Mission verfolgte dabei verschiedene Ziele, darunter das Testen von Strategien zur Reduzierung des Wasserverbrauchs, zur Vermeidung der Bakterienübertragung beim Ein- und Aussteigen aus dem Habitat sowie zur Ermittlung der Anforderungen an Marsfahrer bei der Bergung von Verletzten. Hierfür musste sich die Crew aus einer Höhe von zwölf Metern zu einem „Verletzten", der über eine Felswand gestürzt war, abseilen.

Während sich die *Austronauten* „einrichteten", fingen wir mit Außenaufnahmen an, die die Besonderheiten der Region festhielten. Im Inneren der Raumstation war die Arbeit dann schon komplizierter: Wollte man sich von A nach B bewegen, musste mindestens eine Person ausweichen. Es war unmöglich, ein Stativ für die Kamera aufzubauen. Wir mussten mit Handkamera arbeiten. Ich fragte mich, ob und wie lange ich mit so wenig Raum zurechtkommen würde.

Zusätzlich zu den *Austronauten* gab es drei Mitglieder der Backup-Flightcrew, der Ersatzmannschaft. Die hatten zusätzlich die Aufgabe, die Mission zu erschweren und Fehler im Ablauf zu verursachen. Sie taten dies ohne Vorwarnung, weshalb sie auch Ghosts genannt wurden.

Nachdem wir mit allen neun Crewmitgliedern unsere Vorher-Interviews durchgeführt hatten, durften wir mit den Quads ein wenig die Umgebung erkunden. Das Fahren machte echt Spaß, dennoch entfernte ich mich nicht alle zu weit von der Station. Denn erstens war mir nicht klar, wie weit man mit dem Tank fahren konnte, und zweitens erschien mir schon nach fünf Minuten jeder Hügel so, als wäre ich bereits daran vorbeigefahren.

Die Abende verbrachten wir auf der Terrasse des Motels. Wie am Lagerfeuer wurden Geschichten erzählt – es war tatsächlich wie ein

Skikurs. Bis zu dem Hinweis, das wir morgens immer unsere Schuhe umdrehen und ausklopfen sollten, bevor wir sie anzogen. Die Gefahr von unliebsamen Skorpionen oder Spinnen, die im warmen Schuhwerk übernachtet hatten, war groß. Da wurde es für mich eine unruhige Nacht.

Der folgende Tag war noch für die Vorbereitungen der Crew eingeplant. Das Team war damit beschäftigt, Kabel zu verlegen, Computer anzuschließen und persönliche Dinge zu verstauen. Die Stationscrew war gerade mit Leitungsproben beschäftigt, und da immer wieder Verbindungsschwierigkeiten nach Salzburg auftraten, bot die Backup-Crew uns an, einen Ausflug in die Wüste zu unternehmen. Und so machten wir uns auf den Weg über die sandigen Straßen. Orientierung war nur mithilfe eines Kompasses möglich, und ich vertraute den Navigatoren, schließlich waren sie ja für eine Marsmission ausgewählt worden.

An einem ausgetrockneten Flussbett wurden wir von umherliegenden Baumstämmen gestoppt, doch das konnte eine Mars-Crew natürlich nicht erschüttern, und rasch war eine Ausweichroute gefunden. Die führte uns allerdings zu einem 1,5 Meter hohen Felsen, der zum unüberwindbaren Hindernis wurde. Doch der Weg ging oberhalb weiter, also wurden alle Ausflugsteilnehmer zu Trägern, und wir konstruierten aus verstreutem Geröll eine Art Rampe. Eine schweißtreibende Arbeit, die eine gute Stunde dauerte.

Dann ging es über Stock und Stein dahin, zwar immer leicht bergauf, doch laut Karte und Kompass waren wir auf dem richtigen Weg. Bis wir einen Abhang erreichten und in die Tiefe schauten: Gut 200 Meter unter uns lag die Marsstation. Wir mussten also einen Weg nach unten finden, und zwar rasch, da es bald zur dämmern beginnen würde. Wir machten uns zielstrebig auf den Weg, bis wir an einen Fluss gelangten. Nun gab es die Option, auf ein anderes Fahrzeug zu warten, das uns helfen könnten, oder einfach durchzufahren. Zwar schien das Ausharren in der Wüste nicht verlockend, da wir aber die Wassertiefe des Flusses nicht kannten, entschieden wir uns doch fürs Warten. Und tatsächlich kam etwa 30 Minuten später ein Pick-up vorbei.

Der Fahrer erkundigte sich freundlich, ob er helfen könne, und bot dann an, uns anzuseilen und mit uns durch den Fluss zu fahren. Dass stellte sich als eine gute Entscheidung heraus, denn der Pick-up durchquerte den Fluss aufgrund seines erhöhten Radstandes leicht, während unser Van da schon größere Probleme hatte. Aber dank des Abschleppseils gelangten wir ebenfalls ans andere Ufer, und der hilfsbereite Pick-up-Fahrer kannte zudem noch einen Weg, um von der Anhöhe hinunterzukommen. Aber da gab es schon die nächste unliebsame Überraschung: Es stellte sich heraus, dass die Umwege länger gewesen waren als geplant, und der Tank war so gut wie leer. Nur mit längeren Rollphasen erreichten wir so die Hauptstraße und eine Tankstelle! Das Abendbier hatten wir uns mehr als verdient.

Am nächsten Tag fanden letzte Tests mit der Unfallsimulation und einem Rover statt. Die Rettungsmission war äußerst erfolgreich. Bei den anschließenden Interviews durften die Beteiligten ihre Helme nicht abnehmen, da dies eine Simulationsverfälschung für die Körperbelastung gewesen wäre. In der Wüste gibt man einem Fernsehteam offensichtlich keine Interviews ...

Commander Norbert Frischauf kämpfte zu dieser Zeit in der Station mit einem Mini-Rover, der Fotos von der „Marsoberfläche" machen und Gesteinsproben sammeln sollte. Frischauf nannte den Rover *Sissi*, da er meinte: „Sissi zickt wie die Kaiserin!" Sissi benötigte Stunden, um alle Befehle auszuführen, und als sie schließlich bereit für den Außeneinsatz zu sein schien, brach ein Sandsturm los. Mein Kameramann und ich, voller Tatendrang, positionierten uns vor der Station und filmten so lange wie möglich. Einen Sandsturm sieht man nicht täglich, und erst, als wir Sand zwischen unseren Zähnen spürten, gingen wir wieder ins Innere der Station und filmten durch die Fenster. Drinnen bemerkten wir: Der Sand war nicht nur zwischen unseren Zähnen, er war überall. Im Hotel hieß es an diesem Abend, die Kamera mit Pinsel und Föhn zu säubern und lange, sehr lange zu duschen.

Am Tag vor Beginn der Mission wurden simulierte Ausflüge in Raumanzügen durchgeführt. Die Crew steuerte die Quads mit unterschiedlichem Geschick auf Außenmission. Wieder hatten wir den angenehmeren Job, denn selbst im T-Shirt schwitzten wir bereits in der Sonne. Die Crewmitglieder schritten in ihren Raumanzügen schwerfällig und langsam eine Anhöhe hinauf und stießen unerwartet auf „echte Planetenbewohner“: Drei Cowboys befanden sich gerade auf einem Ausflug, als sie auf die *Austronauten* stießen. Die Einheimischen waren nicht sehr beeindruckt, da sie von der Analog-Raumstation wussten und das Geschehen interessiert, aber auch amüsiert beobachteten.

Am folgenden Tag galt für die sechs Stationsbewohner dann: Kein Kontakt mehr zur Back-Up-Crew; der Kontakt zur Außenwelt erfolgte nur noch über eine Satellitenschaltung nach Salzburg – und auch wir durften die Crew nur noch heimlich und unsichtbar filmen. Die Simulation hatte begonnen. Die Crewmitglieder meldeten sich ab jetzt täglich mit einem Videotagebuch. Unsere Dokumentation hatte den Titel *Switch X Austromars – die Mission*.

NORBERT FRISCHAUF SCHREIBT DAZU

Eine der großen Herausforderungen einer jeden Langzeitmission ist der Zusammenhalt der Crew. Viele Studien wurden durchgeführt, um herauszufinden, wie die perfekte Crew für eine 2,5-Jahre-Mission zum Mars aussieht. Was sich im Laufe der Jahre herauskristallisiert hat, war, dass es eine gemischte Crew mit zumindest sechs Mitgliedern sein sollte. Mit dabei: ein Kommandant und sein 1. Offizier – beide sind auch Piloten. Ein

Flugingenieur, der ebenfalls Flugkenntnisse haben sollte. Ein Mediziner, der auch als Wissenschaftler fungiert, und zumindest zwei Wissenschaftler mit Zusatzausbildung als Ingenieure und Mediziner. Das klingt nach einer militärischen Struktur und zum Teil ist sie das auch – aber nur dann, wenn es um die Sicherheit geht –, sonst geht es weitestgehend demokratisch zu. Im Gegensatz zu unseren NASA-Kollegen waren wir bei der ESA immer der Meinung, dass man eine Crew nicht 2,5 Jahre militärisch-autokratisch führen kann.

Aufbauend auf dieser europäischen Sichtweise, habe ich bei AustroMars als Kommandant den demokratischen Führungsstil gewählt – die Mission war also so etwas wie die Probe aufs Exempel, auch wenn 14 Tage nicht unbedingt einer Langzeitmission entsprechen. Schon gar nicht ein begleitendes TV-Team.

Nach einem üblichen morgendlichen Briefing wurde beschlossen, den Probe-Flugplan anzupassen und den Tag unseren Medienvertretern, den ORF-Reportern (Günther Löffelmann und Kameramann Alexander Tomsits) zu widmen, um das voraussichtlich schöne Wetter zu nutzen. Nach einer Stunde Anziehen der Raumanzüge verließen wir das Habitat und drehten für den ORF. Obwohl wir volles Sonnenlicht hatten, konnten wir dank der integrierten brandneuen Kühlwesten die Hitze besser ertragen. Die einzigen kleinen Nachteile sind das Mehrgewicht von einigen Kilogramm und die begrenzte Betriebsdauer von etwa zwei bis drei Stunden. Dennoch fanden wir, dass sich der Einsatz lohnte.

Die Kameraden vom Fernsehen hatten es im T-Shirt viel angenehmer. Wir durften nicht einmal die Helme öffnen, um frische Luft zu atmen. Unser Ziel, dem Fernsehteam einige gute Aufnahmen zu bieten, wurde auf jeden Fall erreicht, als wir eine medizinische Situation mit einem verletzten Crewmitglied simulierten und dabei auch Schlepptechniken üben konnten. Am späten Nachmittag reparierten wir unser Stromaggregat *Wendy*. Zu diesem Zeitpunkt war das ORF-Team schon wieder im Hotel und saß wahrscheinlich bei einem Bier.

Dreharbeiten am „Mars“

Der Tag wurde mit unserem ersten Experiment zur Stressüberwachung mittels einer webbasierten Umfrage und Speichelproben beendet. Dabei filmte uns der ORF glücklicherweise nicht.

Generell muss man sagen, dass das ORF-Team mit Günther Löffelmann und Kameramann Alex Tomsits sehr unauffällig agierte und sich sehr gut in die Aktivitäten der Mars-Crew einfügte. Obwohl immer wieder eine Kamera auf der Seite oder vor der Nase auftauchte oder spontan eine bestimmte Bewegung wiederholt werden musste, um sie richtig „in den Kasten“ zu bekommen, kam es doch zu keinerlei „Kollisionen“. Dass dies nicht geschah, war einer gesunden Mischung aus Begeisterung, Professionalität und Rücksichtnahme geschuldet – die geringe

Größe des Habitats jedenfalls hätte jegliche Art von Kollision gerechtfertigt!

Auch bei den Dreharbeiten außerhalb des Habitats waren die beiden einerseits unauffällige Beobachter und dann auch wieder große Inszenierer, die mit viel Geschick das Beste aus der Gelegenheit machten, um die bestmöglichen Aufnahmen zu bekommen.

Zusammenfassend kann man sagen, dass Günther und Alex sehr interessiert an unserer Mission waren, und sie stellten auch abseits der Dreharbeiten immer wieder Fragen. Als sie uns nach der Vorbereitungswoche verließen und wir dann „alleine" auf dem „Mars" waren, fehlte uns der „Medienrummel" fast ein wenig, auch wenn wir uns in den kommenden 14 Tagen zu 120 Prozent auf die Mission konzentrieren mussten.

ICH MACHE EIN AUTO BERÜHMT

Während meiner Zeit im Studio Wien und bei *Alpha Österreich* erhielt ich das Angebot, Beiträge für das ORF-Vorabendmagazin *Willkommen Österreich* zu erstellen, das von 1995 bis 2007 von Montag bis Freitag ausgestrahlt wurde. Es war eine Art Fernsehillustrierte, die sich mit Chronik, Lifestyle und Gesellschaft befasste. Meine erste Aufgabe bestand darin, Robbie Williams in Wien zu dokumentieren. Der britischer Sänger ist bekanntlich ein Superstar, seine Tonträger wurden weltweit mehr als 77 Millionen Mal verkauft, und es war schon damals von großem Interesse, ihn vor die Kamera zu bekommen. Die zwei Auftritte im Rahmen seiner *Close Encounters*-Tour im August 2006 in Wien wurden dementsprechend mit viel Tamtam und Werbung vorbereitet.

Die Konzerte fanden am Ende der Woche statt, der Entertainer kam aber schon am Montagnachmittag mit seinem Privatjet nach Wien und logierte im *Hotel Triest*. Nun galt es, ihn mit der Kamera zu erwischen. Doch wie erwartet, zeigte sich Williams medienscheu. Er kam über den Seiteneingang zum Hotel – unser Gespür war goldrichtig gewesen, denn wir hatten genau dort unsere Kamera positioniert. Durch die abgedunkelten Fenster seines Vans war er nur schemenhaft zu sehen, wir filmten den Wagen trotzdem.

Seine Fans belagerten den Vordereingang, und diese Anhänger wurden meine erste Geschichte über den Robbie-Hype. Eine weitere Story drehte ich mit *Soko Donau*-Kommissarin Lilian Klebow, die sich als Robbie-Fan aufs Konzert vorbereitete. Aber ich wollte natürlich an Robbie selbst herankommen.

Am Tag nach seiner Ankunft wurde das Gerücht laut, Williams habe das Ferry-Dusika-Hallenstadion für ein Fußballspiel mit seiner Crew gemietet. Wir legten uns beim Hotel auf die Lauer, und als der

Van zum Stadion fuhr, folgten wir ihm. Ohne Erfolg, denn bis zum heutigen Tag wissen wir nicht, ob Robbie tatsächlich Fußballspielen war …

Tags darauf gab es Spekulationen über Filmaufnahmen zu Robbies neuem Musikvideo für den Song „Lovelight". Rund um das ehemalige Semperdepot in Wien-Mariahilf wurde „Robbie-Williams-Alarm" ausgelöst. Bereits am Vormittag waren zahlreiche Tänzer, Komparsen und Bühnenarbeiter hinter der Absperrung rund um das Gebäude in der Lehargasse zu sehen. Die Fenster waren mit schwarzen Vorhängern abgedeckt worden. Nur Musik drang auf die Straße. Wir entdeckten ein kleines Loch in einem der schwarzen Vorhänge, es stellte sich aber als zu klein heraus, um mit meiner Mini-DV-Kamera heimlich durchzufilmen. Leider war es groß genug, damit die Securitys auf uns aufmerksam wurden und das Loch in kürzester Zeit schlossen. Es herrschte strengste Geheimhaltung.

Als wir später beim Konzertveranstalter zum Thema Konzertsicherheitsvorkehrungen drehten, erfuhren wir von geplanten Außenaufnahmen vor dem Semperdepot. Das hieß: Nichts wie wieder hin mit uns. Während wir unsere Kamera gerade in Position brachten, wurden wir Zeugen, wie ein dunkler Van aufs Gelände fuhr. Wir fassten den Plan, aus den gegenüberliegenden Büroräumen ein paar Einstellungen zu filmen. Dort war die Sekretärin vom Treiben auf der anderen Straßenseite ebenso fasziniert wie wir – und so organisierten wir ihr zwei Tickets für das Stadionkonzert, sie ließ uns und den Musikjournalisten Thomas Zeidler im Gegenzug im Sekretariat ausharren.

Es verging viel Zeit, bis sich auf der Straße etwas bewegte. Es wurde erst interessant, als es draußen bereits dämmerte: Scheinwerfer wurden aufgebaut, Tonequipments auf die Straße bugsiert, und zwei Dobermänner liefen ihre Runden. Mit zunehmender Wartezeit wurde die Anspannung größer – es gibt ja den oft zitierten Spruch, dass für Film und Fernsehen die Hälfte der Wartezeit vergebens ist. Als sich der dunkle Van wieder vom Ort des Geschehens entfernte, filmten wir ihn natürlich und beruhigten uns gegenseitig, dass der Wagen bestimmt „nur etwas holen" gefahren sein musste. Allein mit den Aufnahmen des Vans aus diesen paar Tagen hätten wir einen Bericht in Spielfilmlänge über Robbies Auto gestalten können! Da wir aber keine Fahrzeugwerbung machen durften, blieb es bei kurzen Zwischenschnitten in unseren Storys.

Es muss etwa um 22.00 Uhr gewesen sein, als endlich wieder Bewegung in die Lehargasse kam: Eine Kamera wurde aufgebaut, und die Scheinwerfer gingen an, während die zwei Dobermänner von Tänzerinnen auf und ab geführt wurden. Dann endlich betrat ein Mann im langen schwarzen Mantel das Set: ein Double, das aus der Ferne tatsächlich wie das Original aussah und in der Außenszene die Rolle des Superstars übernahm. Dank unseres Kameraobjektivs konnten unsere Zuschauer aber deutlich sehen, dass es nicht Williams war. Er hatte uns also ein weiteres Mal überlistet – wir hatten durch unser Ausharren bloß Überstunden angesammelt und einen Van noch bekannter gemacht als in den vergangenen Tagen.

Die Überstunden fielen uns zum Glück nicht auf den Kopf, da mein Redaktionsleiter Christian Hillinger hinter uns stand. Man stelle sich vor, wir hätten als einzige Aufnahmen von Robbie in Wien bekommen, dann würde auch niemand die Überstunden beanstanden – so war sein Zugang. Schließlich bot sich erst am Freitagabend die Gelegenheit, Robbie Williams in Wien zu sehen – fast 50.000 Fans versammelten sich bei drückend sommerlichem Wetter im Ernst-Happel-Stadion, um den Auftritt ihres Idols zu erleben. Ich gehörte zu ihnen – die Show war cool!

ER WAR EIN SUPERSTAR

Ungefähr ein Jahr später hätte Hans Hölzel, bekannt als Falco, seinen 50. Geburtstag gefeiert. Zu diesem Anlass sollten Sybill Dolenz und ich eine Dokumentation über den Superstar erstellen, der am 6. Februar 1998 bei einem Verkehrsunfall in der Dominikanischen Republik ums Leben gekommen war. Aufgrund meiner wenigen persönlichen Begegnungen mit ihm war dies eine hervorragende Chance, den Menschen Hans Hölzel näher kennenzulernen. Der Ansatz erschien simpel: Archivmaterial, also alte Interviews mit Falco, mit Videos und Zeitzeugeninterviews kombinieren. Wir hatten vor, Wegbegleiter und Musikerkollegen, Manager und Journalisten zu befragen. Wir wollten ein mehr oder weniger vollständiges Bild von Hans Hölzel erhalten – durch Menschen, die ihm sehr nahe gestanden waren.

Als Hauptinterviewpartner wählten wir Ludwig „Wickerl" Adam sowie Stefan Weber, Thomas Rabitsch und Peter Vieweger, allesamt wichtige Figuren der österreichischen Musikszene und auch in Falcos Künstlerleben. Ich selbst habe durch die Dreharbeiten viel über die Anfänge Hölzels erfahren: In den späten 1970er-Jahren hatte sich um den Wiener „Szenepapst" Wickerl Adam die Musikgruppe Hallucination Company gebildet, die als erstes Wiener Musiktheater auftrat. Die Band betrieb ein Performancetheater mit moderner Rockmusik mit politischem Anspruch, das jedoch stärker auf schauspielerische Elemente setzte und stilistisch näher am New Wave war.

Danach trat Hölzel 1978 als Bassist der Band Drahdiwaberl rund um Peter Vieweger und Thomas Rabitsch bei. Sein Lied „Ganz Wien" avancierte schnell zu einem der musikalischen Höhepunkte der berüchtigten Drahdiwaberl-Shows, die vor keiner Provokation und keinem Exzess zurückschreckten und als obligatorischen Höhepunkt und Schlusslicht einen „Mulatschag“ boten, bei dem es auf der Bühne zu regelrechten Sexorgien kam. Meine Wahrnehmung von Falco begann in seiner Zeit bei dieser Band.

Ich hatte später das Vergnügen, seinen ersten Auftritt mit „Der Kommissar“ auf der Bühne mitzuerleben. Er musste die Nummer damals mehrmals spielen, so sehr mochte sie das Publikum. Und schon damals unterschied sich Falco durch sein Outfit von den anderen Bandmitgliedern: Er trug Maßanzug.

Durch die Dokumentation konnte ich meine Vergangenheit als Musikhörer aufarbeiten und neu erleben. Plötzlich saßen da die Musiker vor mir, die mich so lange auf Schallplatten und bei Konzerten begleitet hatten. Trotzdem verliefen die Interviews anfänglich holprig – eine gewisse Reserviertheit war vor allem bei den Musikern zu spüren. Wir waren in der Branche noch unbekannt, für sie waren wir Journalisten, die möglicherweise mehr auf der Suche nach Sensationen waren als nach der Wahrheit.

Erst nach und nach legten sie die Scheu ab und fassten Vertrauen zu uns, und mit zunehmender Länge der Interviews entstanden plötzlich sehr persönliche Gespräche. Ich kann nicht genau sagen, warum, aber wir fanden einen Draht zu unseren Zeitzeugen und kamen dem Menschen Hans Hölzel dadurch sehr nahe – einem Superstar, dessen Privatperson sich von der Bühnenfigur deutlich unterschied, wie ich schon bei seinem Besuch in der Sendung *Ding Dong* selbst hatte feststellen können.

2007 war Stefan Weber bereits an Parkinson erkrankt, und ihm fiel das Reden schwerer als anderen. Doch er hatte die Wandlung seines Bassisten zum Superstar aus nächster Nähe beobachtet, und seine Geschichten waren unverzichtbar. Ich habe im Laufe der Jahre gelernt, Menschen niemals „vorzuführen“ und dass es gelegentlich auch notwendig ist, Menschen vor sich selber zu schützen. Wir nahmen uns also Zeit und gaben ihm ebenfalls Zeit. Nicht alles, was vor der Kamera erzählt wurde, kam auch in die Sendung.

Dem Musikproduzenten Thomas Rabitsch begegnete ich während der Aufnahmen schon zum zweiten Mal. Er war ein Weggefährte von Hans Hölzel bei der Hallucination Company und Drahdiwaberl gewesen und fungierte von 1984 bis 1994 als Falcos Bandleader und Keyboarder. Es war großartig, Musikgeschichte aus erster Hand zu hören, die man teilweise als Konsument selbst erlebt hat – es war mein kleiner, persönlicher Fan-Moment. Denn 1993 war ich ihm noch als Zuschauer auf dem Donauinselfest gegenübergestanden.

Zu diesem Zeitpunkt war Falco bereits über seinen Zenit. Der Auftritt beim Donauinselfest war das Abschlusskonzert einer Tournee, doch leider war das Konzert kein wirklich vollständiges. Einerseits hatte Falco selbst die Setliste verkürzt. Seinen Welthit „Rock Me Amadeus" sang er nicht, was jedoch vor allem daran lag, dass es während des Konzerts zu regnen begann und sich die Wetterlage rasch zu einem gewaltigen Gewitter auswuchs. Rabitsch erzählte dazu, dass beim Lied „Nachtflug" der Blitz auf der Bühne einschlug, wodurch die Lautsprecherboxen ausfielen. Obwohl dieser Ausfall auf der Bühne nur wenige Sekunden andauerte, hörte das Publikum vom Moment des Blitzeinschlags an gute neun Minuten lang nur die unverstärkten Klänge von der Bühne. Wenn man in Betracht zieht, dass trotzdem niemand nach Hause ging, kann man auf die großartige Stimmung unter den Zusehern bei diesem Konzert schließen. Schließlich lief so viel Wasser in die Soundanlage, dass die Band Falcos größten Hit ausließ und stattdessen „Helden von Heute" als letzte Nummer des Konzerts spielte.

Doch Falco und Band gerieten an diesem Abend in einen richtigen Spielrausch. Die Meinung vieler Anwesender: Das Konzert war sehr, sehr leiwand – trotz oder wegen des Gewitters und des Tonausfalls. Erst durch unser Interview erfuhren wir von der tatsächlichen Gefährlichkeit, das Konzert nach dem Blitzeinschlag hinter der Bühne zu Ende zu spielen. Es hätte jederzeit zu Stromschlägen kommen können.

Nach drei intensiven Interview-Drehtagen, man könnte auch von einem Interview-Marathon sprechen, hatten wir mehr Geschichten für unsere Dokumentation als erforderlich. Wir beschlossen, keinen Text zur Dokumentation zu schreiben. Der Sänger sollte stattdessen mit seinen Archivinterviews die Geschichte selbst erzählen. Und siehe da: Die neuen Interviews passten wunderbar zu den Originalsagern Falcos – sie wirkten fast, als wäre Falco selbst bei der Produktion zugegen gewesen.

Die Dokumentation *Hans Hölzel alias Falco,* die zunächst auf 3sat lief und später auf Bayern Alpha wiederholt wurde, war erfolgreich. Am Tag nach der Ausstrahlung bekamen wir positive Rückmeldungen von den Redaktionsleitern und ORF-Kollegen. Von weit größerer Bedeutung war für mich aber das Feedback der Menschen um Hans Hölzel. Und noch viel wichtiger war mir, dass die Tür zu neuen Geschichten und Menschen dadurch weit offen stand – nicht zuletzt dank des Power Couples Anja und Thomas Rabitsch: Anja, die große Koordinatorin, und Thomas, der kreative Geist. Nicht nur, wenn es um die Goldfisch geht, also die Band aus Falcos ehemaligen Bandmitgliedern und deren Gastsängern und Gastsängerinnen.

Die Goldfisch durfte ich beispielsweise exklusiv bei den Proben zum Donauinselkonzert 2017 begleiten – und damit wurde nicht nur das legendäre Falco-Konzert von 1993 zu Ende gespielt sondern auch für mich zu einem emotionalen Ende.

MUSIKPRODUZENT THOMAS RABITSCH SCHREIBT DAZU

Der Günther.
Ich hab keine Ahnung, wann wir uns zum ersten Mal gesehen haben, er behauptet 2004. Es ist auch vollkommen egal, weil wir sowieso telepathisch verbunden sind. Man fängt an, ein Projekt zu planen, und er ruft an. Wann er etwas hören kann, wann er

was sehen kann. Einfach so, weil er es spürt. Oder er steht plötzlich im Studio und hat schon Interviews gemacht. Ich weiß bis heute nicht, wie er oft reingekommen ist, aber er war immer zum perfekten Zeitpunkt da. Und eigentlich hat er nix gebraucht, keine Unterlagen, keine Erklärungen, keine Stichworte. Keine Ahnung, warum. Echt nicht. Vielleicht, weil er eine unglaubliche Liebe und echtes Interesse hat – für Künstler, für Menschen, für das, was entsteht. Einfach so.

Die Rede ist von Herrn Löffelmann. Nicht von meinem Therapeuten – sondern von einem Journalisten. Einer, der aus Leidenschaft arbeitet. Einer, den alle schätzen. Einer, den man nicht erklären muss, weil er Teil der Produktion ist. Einer, der sich nie in den Mittelpunkt stellt, sondern den anderen die Bühne überlässt. Und sie verstehen will. Eigentlich so, wie man es sich wünschen würde.

Wie am Christtag, wenn man einem Familienmitglied die neue Eisenbahn vom Christkind zeigt – und es stundenlang mit einem spielt. Weil es selbst Freude daran hat. Weil da echter Respekt ist. Und weil Günther diese besondere Gabe hat: Selbst zum schwierigsten, schüchternsten, wildesten, eigensinnigsten Kind baut er mühelos ein Vertrauen auf, das bleibt. Eins, bei dem man sich sicher und gut aufgehoben fühlt. Das ist alles andere als selbstverständlich. Besonders nicht im Jahr 2025.

Was nun?

Ich weiß es nicht.

BE A MENSCH

Auch im ORF hatte sich inzwischen herumgesprochen, dass Musiker und Sänger gut mit mir auskamen. Meine Regietätigkeiten bei *Licht ins Dunkel* und die Falco-Dokumentation hatten mir zu einem positiven Image verholfen. Das ORF-Landesstudio Wien wünschte sich daraufhin ein Porträt des Musikers Willi Resetarits, und ich wurde mit der Umsetzung beauftragt.

Ich war überaus geschmeichelt, da ich Willi Resetarits und seine Musik mochte. Wir hatten uns bereits während meiner Zeit bei *25 – Das Magazin* kennengelernt und verstanden uns gut. Trotzdem wollte Willi ein Kennenlerngespräch in der Kantine des Funkhauses führen. Er grinste, als ich auf ihn zukam, und sagte nur: „Ah, du bist des."

Er wollte nicht, dass jemand, den er nicht kennt, ein Porträt von ihm machte, geschweige denn einer, mit dem er nicht zusammenarbeiten konnte. Wir waren uns aber rasch einig und legten den Inhalt und die Eckpunkte seines Porträts fest. Resetarits legte Wert darauf, dass nicht die Kunstfigur Kurt Ostbahn im Mittelpunkt stand. Das war auch nicht mein Ziel – ich kannte die Vielseitigkeit von Willi Resetarits gut.

Meine Herangehensweise an das Porträt war, mein Gegenüber viel erzählen zu lassen. Willi erschien mir stets sehr authentisch, er versteckte sich nicht hinter einstudierten Interviewaussagen. Das schätzte ich an ihm. Er war, wie man so schön sagt, „ein weicher Mensch" – jemand, der stets das Positive sah. Ich wollte im Porträt zeigen, woher sein Menschsein stammte, wo seine familiären und musikalischen Wurzeln lagen und wie er sich sein „Gutsein" bewahrt hatte. Und ich wollte an den typischen Willi-Resetarits-Orten drehen: in Stinatz und im 10. Bezirk, wo er seine Kindheit verbracht hatte.

Dr. Kurt Ostbahn beim Interview

Wir hatten fünf Drehtage Zeit, und der erste fand im *Gasthaus Birner* an der Alten Donau statt. Ein Restaurant, in dem das Essen über die Straße serviert wird. Willi kam sportlich auf dem Rad. Ich erfuhr aus erster Hand, dass er erst, als er im Alter von dreieinhalb Jahren 1952 aus dem Südburgenland nach Wien gezogen war, Deutsch gelernt hatte. Und zwar bis zur Perfektion, da man als „Zuagroaster", sagte er, sehr gut sein musste. Er wuchs am Humboldtplatz in Wien-Favoriten auf und war Ministrant. Er versicherte mir, dass er das gerne war und dort auch die Werte des Christentums lernte. Schon während seiner Schulzeit sang und musizierte Resetarits in verschiedenen Bands wie The Odds. Er studierte ab 1967 an der Universität Wien Anglistik und Sport, um Lehrer zu werden. Seine Musikerkarriere war jedoch so erfolgreich, dass er auf das Sicherheitsnetz verzichtete. Ich hing an seinen Lippen, Willi konnte sehr anschaulich von seiner Jugend berichten.

Der Sänger erzählte, dass sein Bruder Peter öfter auf den Schultern der älteren Geschwister von Abenteuer zu Abenteuer „ritt" und dabei nicht einmal herunterfiel. Wenn es doch Verletzungen gab und deren Verursacher Lukas war, übernahm Willi trotzdem die Verantwortung. Das waren die Geschichten, die ich hören wollte.

Stinatz und Favoriten besuchten wir mit der Kamera ohne unseren Protagonisten, aber Willi war trotzdem anwesend. Im Gasthaus *Stinatzerhof* sind nach wie vor Fotos von Willi aufgehängt – dort hatte er einen Stammtisch.

Selbstverständlich haben wir mit Willi auch das Integrationshaus besucht. Die Schrecken des Krieges im ehemaligen Jugoslawien und die zahlreichen unbetreuten Geflüchteten in Wien hatten zur Gründung einer Gruppe von Menschenrechtsaktivisten rund um Willi Resetarits und Sepp Stranig für das „Projekt Integrationshaus" geführt. Die Leitidee: professionelle Betreuung für Geflüchtete. Sie sowie Menschen mit Migrationshintergrund sollten in den fünf Projektbereichen des Integrationshauses Unterstützung bei ihren nächsten Schritten in eine sichere Zukunft bekommen. Das Hauptaugenmerk lag von Anfang an darauf, individuelle und professionelle Unterstützung sowie Orientierung bereitzustellen. Willi erklärte, dass jede Familie und jede Einzelperson, die hier wohnte, beispielsweise ihren eigenen Rückzugsort – einen Raum für sich selbst und eine Kochgelegenheit – hatte.

Es war schön, zu beobachten, wie sehr die Menschen vor Ort ihn schätzten und wie dankbar sie ihm waren. Willi hatte keine Berührungsängste und nahm sich Zeit für jeden Bewohner. „Be a Mensch - und bleib Mensch! Es ist wichtig, Menschen zu mögen. Wenn nicht, bist du in meinem Business falsch", sagte er. Er hatte recht. Und das galt auch für meinen Job. Man kann zwar lernen, wie man eine Fernsehstory umsetzt oder eine Sendung aufbaut, aber wenn man mit Menschen arbeitet, ist das Wichtigste: Man muss ihnen mit Respekt gegenübertreten, sie wertschätzen und mögen. Willi wirkte immer, als könnte er nicht nachtragend sein – nicht einmal dem Attentäter, der seiner Mutter Angela Resetarits eine Briefbombe zuschickte, die jedoch rechtzeitig entschärft werden konnte.

Willi Resetarits trat nach der „Pensionierung" des Kurt Ostbahn ab 2006 wieder mit seiner wöchentlichen Radiosendung *Trost und Rat* auf. Zu den wiederkehrenden Sendungselementen gehörten unter anderem ein Fortsetzungsroman, der über viele Monate hinweg gemeinsam mit den Hörern entwickelt wurde, Beiträge über „Wundersames aus der Welt der Wissenschaft" sowie das von Resetarits präsentierte „Wiener Wochenwetter" in lyrischer Form. Trotzdem lag sein Fokus immer auf der Musik und den Musikern.

Ein Radiostudio ist nicht besonders groß. Ich schätze vier mal vier Meter. Darin befinden sich ein Tisch, Stühle und Mikrofone – entsprechend beengt war es auch in Willis *Trost und Rat*-Studio. Einer der Gründe, dass ihn normalerweise kein Kamerateam während der Sendung begleiten durfte: Es war einfach kein Platz, und es bestand die Gefahr, Geräusche zu verursachen und die Sendung zu stören. Auch wollte Resetarits nicht abgelenkt werden, da die Sendung live war. Trotzdem durften wir, ausnahmsweise, wie er betonte, mit dabei sein.

Ich lernte auch die Familie von Willi kennen, seine Tochter Johanna und seinen Sohn Valentin aus der Beziehung mit Beatrix Neundlinger. Normalerweise stellte der Musiker seine Angehörigen nicht ins Scheinwerferlicht. Es war also ein eindeutiger Vertrauensbeweis mir gegenüber, dass er es für dieses Porträt tat. Johanna und Valentin erzählten über den privaten Willi, der sich stark vom Ostbahn-Kurti unterschied. Der Willi war der ruhige, besonnene und nachdenkliche Künstler. Trotzdem nutzen wir für den Titel des Porträts ein Zitat, mit dem sich Dr. Kurt Ostbahn, und später auch Willi Resetarits, stets am Ende seiner Konzerte verabschiedete: *Lossts eich nix gfoin.*

Nach der Ausstrahlung des Porträts erhielt ich den „Ritterschlag", als Willi mich zu seinem privaten Fest bei einem Heurigen in Stammersdorf einlud. Die Familie und seine neue Gesangsformation, der Stubnblues, waren ebenfalls anwesend. Es war ein Abend voller Emotionen, da Willi, Lukas und Peter kroatische Lieder aus der Heimat sangen.

Kurz danach brach für mich eine neue Ära an: Auf Drängen meiner Lieblingskollegin Sybill Dolenz nahm ich das Angebot an, als Redakteur und Beitragsgestalter beim neuen ORF-Vorabendmagazin *Sommerzeit* anzufangen.

VOM ERSATZPROGRAMM ZUM QUOTENHIT

Es öffnete sich wieder einmal zum richtigen Zeitpunkt die richtige Tür: Die meisten Teammitglieder des im Sommer 2007 gestarteten Magazins *Sommerzeit* kannte ich bereits aus meiner Arbeit für *Willkommen Österreich* und die Moderatoren aus meiner Zeit im Kinderprogramm. Das Magazin war als einstündige Sendung mit vielfältigen Themen gedacht und sollte bis zur zweiten Septemberwoche laufen. Gesundheit und Wellness, Lebenshilfe, Kulinarik, Gartenbau, Wohnen und Gesellschaft waren die Inhalte. Ein Magazin also, das frisch, bunt und sommerlich war und einen Servicecharakter hatte – mit dem Ziel, Lust auf Österreich zu wecken. Wir nahmen uns vor, dass jede Geschichte, die wir machten, ein positives Ende haben oder zumindest Hoffnung hinterlassen sollte. Wir wollten dem Zuschauer eine Stunde Wohlfühlfernsehen liefern.

Nach den zwölf Sendewochen hatte *Sommerzeit* sehr gute Quoten, und eine Verlängerung des Formats wurde von den ORF-Verantwortlichen beschlossen. So entstanden dann *Herbst-*, *Winter-* und *Frühlingszeit.* Im Lauf der Jahre änderte sich der Sendungstitel einige Male in *Heute Leben*, *Daheim in Österreich* und schließlich *Studio 2*; das Format und die inhaltliche Ausrichtung blieben aber größtenteils gleich. Oder, wie ich immer sage: „Das Waschmittel bleibt gleich, nur die Verpackung ändert sich!"

Sybill Dolenz und ich waren verantwortlich für die Bereiche Unterhaltung, Kultur und Gesellschaft. Zudem konnten wir eine Kollegin unterstützen, die bereits Stargäste für die Sendung *Wurlitzer* eingeladen hatte. Unser Büro, das als „das Lustige" in der Redaktion galt, lag etwas abseits vom Redaktionsleiter und den Kollegen, die für Beiträge mit Betroffenen und ernsthaften Themen verantwortlich waren.

Unsere ersten Geschichten auf dem Society-Parkett drehten wir nicht nur bei diversen kleineren Veranstaltungen wie Geburtstagsfeiern Prominenter und Society-Events in „In-Lokalen", sondern auch bei Großereignissen sowie, wenn ein Österreichbezug vorhanden war, im Ausland. Ob Charity-Gala, Premiere oder feierliche Eröffnung – es gab kaum ein gesellschaftliches Ereignis, bei dem wir ab sofort nicht mitten im Getümmel waren. Zunächst war es nicht einfach, Einladungen zu Veranstaltungen zu erhalten, da man die *Sommerzeit* und uns noch nicht kannte. Unsere erfahrene Kollegin Ali Ledl war dabei aber eine sehr große Hilfe. Dank ihrer besten Verbindungen zu Prominenten erhielt sie Einladungen, die sie an uns weiterleitete. Ali besaß außerdem ein rotes Telefonbuch, in dem neben den Kontakten wichtiger Promotoren auch die Privattelefonnummern von Prominenten verzeichnet waren. Wie ich in den vergangenen Jahren erfahren habe, machen Privatnummern das Leben als Society-Gestalter erheblich leichter.

Die Gesellschaftsberichterstattung lebt davon, dass die Prominenten vor die Fernsehkameras wollen – einige drängen förmlich ins Scheinwerferlicht. Anfänglich war eine gewisse Skepsis uns gegenüber spürbar, da es bis dahin nur die *Seitenblicke* im ORF gegeben hatte. Um ehrlich zu sein, dauerte es etwa sieben Jahre, bis wir die Früchte der regelmäßigen Berichterstattung ernten konnten: Nun kannte man uns, wir erfuhren vor vielen anderen von geplanten Events oder Festen der Society, und in Gesprächen plauderten viele sehr offen und ungeniert in unser Mikrofon. Es fand im Lauf der Jahre nicht nur eine intensivere gegenseitige Bekanntschaft und Wertschätzung statt, manchmal entstanden engere Beziehungen – hin und wieder entwickelten sich sogar Freundschaften.

Die Regelmäßigkeit der Geschichten brachte auch eine Routine im Arbeitsablauf mit sich: Es wurde meist abends gedreht und am nächsten Vormittag geschnitten. Von Beginn an hatten wir es uns zur Regel gemacht, keine Politiker in unserer Sendung auftreten zu lassen.

Denn um objektiv zu sein, hätten wir am folgenden Tag auch die Vertreter anderer Parteien zu Wort kommen lassen müssen.

Das Jahreszeiten-Team bestand aus 20 Mitarbeitern, Sekretariat und Chefitäten inklusive. Bei täglich fünf oder mehr Beiträgen und mindestens vier Studiogesprächen, für die Gäste einzuladen und Gespräche vorzubereiten waren, war die Personalanzahl sehr gering bemessen. Manchmal hatte ich drei Beiträge pro Woche zu gestalten, manchmal waren es fünf. Das erforderte genauestes Zeitmanagement und Ausdauer. Erleichtert hat mir das Arbeiten am Society-Parkett auch, dass die Disposition danach trachtete, dass sich Teams aus Redakteuren und Kameraleuten bildeten. Etwas, das bis dahin so gut wie kaum geschehen war. Eigentlich hatte immer das Prinzip gegolten, dass jedes Kamerateam alles drehen können sollte und daher Abwechslung angesagt war.

Ich bin aber ein Fan der Kontinuität und gleichbleibender Teams. Zum einen weiß man, wie der oder die andere tickt. Zum anderen erleichtert es das Arbeiten, wenn man nicht immer alles neu erklären muss. Und so bildeten sich bald Pools aus vier Kamerateams um mich, mit denen ich vorwiegend meine Geschichten drehte. Ich nannte sie liebevoll auch die „Dalton Brothers and Sisters“.

Einer meiner ersten Stargäste in der *Sommerzeit* war der deutsche Komiker, Autor, Fernsehmoderator, Schauspieler, Regisseur, Sänger, Hörbuch- und Synchronsprecher Hape Kerkeling.

Dieser war mit Comedyformaten wie *Total Normal* oder *Darüber lacht die Welt* berühmt geworden, man kennt ihn als Königin Beatrix, Horst Schlämmer, Siegfried Schwäbli, Uschi Blum oder Evje van Dampen; seine Stimme lieh er unter anderem dem Panda Po in der Filmreihe *Kung Fu Panda* und dem Schneemann Olaf in den *Eiskönigin*-Filmen. Als Buchautor veröffentlichte er 2006 mit *Ich bin dann mal weg* eines der meistverkauften deutschen Sachbücher. Ich hatte es hier also mit einer wahren Showgröße zu tun, doch es gelang tatsächlich, ihn im Vorfeld eines seiner seltenen Kabarettauftritte in Wien ins Studio zu bekommen. Ich recherchierte gründlich über ihn, da ich das ideale Gespräch für ihn und unsere Moderatorin vorbereiten wollte. Da in der Sendung auch Musikgeschichte behandelt und gekocht wurde, waren die zusätzlichen Themen für den erfolgreichen Comedian schnell gefunden: Kerkeling liebt gutes Essen und singt auch.

Am Tag vor seinem Auftritt bei uns kam mir die Idee, ihn nach unserem Musikbericht die Moderation übernehmen zu lassen. Unsere Moderatorin Elisabeth Engstler hatte Song-Contest-Vergangenheit – sie belegte 1982 mit dem Duo Mess und dem Titel „Sonntag“ den neunten Platz –, und Kerkeling ist als Fan des Song-Contests bekannt. Wir besorgten also eine Schallplatte des Liedes, bereiteten einen Ausschnitt vom Song-Contest vor, und dann sollte alles spontan laufen.

Hape Kerkeling & ich Backstage im ORF-Studio 2

Wie jeder andere Gast erschien auch Hape eine Stunde vor der Livesendung im ORF-Zentrum. Mein Herz machte einen Satz – erneut wurde einer meiner persönlichen Fan-Momente Realität. Er entsprach dem Bild, das man von ihm hat: freundlich, unkompliziert, redegewandt und in bester Stimmung. Nachdem wir das Studio besichtigt hatten, teilte ich ihm meine Idee mit der Schallplatte und dem Ausschnitt mit und schlug vor, dass er kurzfristig die Moderation übernehmen sollte. Seine Augen begannen zu strahlen. Es schien, als hätte ich sein Zentrum für Spontaneität getroffen. Wir versteckten die Schallplatte, besprachen alles mit der Regie und ließen den Dingen ihre Lauf.

Elisabeth Engstler war ahnungslos. Hape verwickelte sie in ein Gespräch über den Song-Contest, zauberte die Schallplatte hervor und rief den Ausschnitt ab. Engstler war sprachlos, und Hape übernahm als Kapitän kurzfristig die Sendung. Ich war erstaunt, wie viel er über den Song-Contest und das Duo Mess wusste.

Auch bei der Kochaktion war er in seinem Element. Zwar durfte er nur „niedrige“ Küchendienste wie Nachwürzen und Abschmecken übernehmen, aber das Verkosten stellte für den Comedian eine Herausforderung dar: Er war sichtlich von der Schärfe des Gerichts überrascht, und es verschlug ihm für einen Moment die Sprache. Alles in allem hatte Kerkeling aber merklich viel Spaß mit der Sendung und versprach, bei der nächsten Gelegenheit zurückzukommen – es dauerte allerdings 17 Jahre, bis es wieder so weit war.

AIDERBICHL – BURN-OUT

Im Rahmen der *Sommerzeit* gab es auch die Wochenreportage, für die an fünf aufeinanderfolgenden Tagen zusammenhängende Berichte zu einem Thema gesendet wurden. Im August 2007 hatte ich mir als Thema Gut Aiderbichl ausgesucht, die Betreiber mehrerer Gnadenhöfe für Haus- und Nutztiere, aber auch ehemalige Labor- und Zirkustiere. Das Stammhaus liegt im 2001 sanierten Henndorfer Hof in Henndorf am Wallersee.

Hinter Gut Aiderbichl steht eine Stiftung, deren Ideen und Zahlen beeindruckend sind – sie waren Grund genug für mich, hierüber eine Reportage zu drehen. Ich wollte das Leben der Menschen und Tiere zeigen. Und da das Gut PR brauchte, war die Drehgenehmigung kein Problem.

Drei Drehtage waren für die Wochenreportage vorgesehen. Am ersten Tag wollten wir typische Sujets drehen: die Tiere in ihrer Umgebung; das Team, das einheitlich in rote Shirts und Jacken gekleidet war, bei seiner Arbeit; die Gebäude. Alles Einstellungen, die ich jederzeit in meiner Reportage für Themenübergänge einbauen konnte. Doch schon nach wenigen Stunden vor Ort wurde unser Vorhaben umgestoßen: Schwein Huberta war beim Kampf um ein Schlammloch verletzt worden und musste in die Tierklinik nach Wien transportiert werden. Wir waren plötzlich mitten im Alltag der Tierpfleger – und hatten unsere ersten dramatischen Bilder. So ein Hausschwein wiegt gut 150 Kilogramm, und Huberta war gar nicht willig, das eroberte Schlammloch zu verlassen. Es bedurfte viel Überredungskunst durch die Tierpfleger und eines Hebegurtes, um sie aus ihrer Wohlfühloase zu bekommen. Erst nach gut einer Stunde schritt das Hausschwein behäbig und vom Kampf gezeichnet zum Tierrettungswagen.

„Das ist ganz normal, so etwas passiert hier öfter, denn im Sommer herrscht ein G'riss um die kühlenden Schlammlöcher", meinte der Tierpfleger. Ich war beeindruckt, mit welcher Gelassenheit und Routine hier geholfen wurde. Ich war aber auch froh, dass gleich an meinem ersten Drehtag eine emotionale Geschichte passiert war. Ich fühlte mich ein wenig an meine Kindheit und die Serie *Daktari* erinnert.

Die folgenden Tage zeigten, dass hier genauso viel zu tun war wie auf einem Bauernhof – und noch mehr. Über 500 Tiere verbrachten damals auf Gut Aiderbichl in Henndorf ihren Lebensabend. Zählt man noch die Außenhöfe hinzu, haben heute auf rund 46 Hektar ungefähr 1000 gerettete Tiere eine Heimat. Einige haben sogar prominente Paten wie Uschi Glas, Thomas Gottschalk und DJ Ötzi.

Einige dieser Unterstützer sind immer medienwirksam zur Eröffnung der Weihnachts- und Ostermärkte auf dem Gut zu Gast. Dann herrscht hier Ausnahmezustand: Dutzende Kamerateams und Fotografen aus Deutschland, der Schweiz und Österreich liefern sich Duelle um die besten Aufnahmen. Besonders hektisch wird es immer, wenn es gelingt, Weltstars auf das Gut zu lotsen.

Ich erinnere mich noch an den Rummel, als Hollywoodstar Larry Hagman da war, der mit der Rolle des Major Nelson in der Fernsehserie *Bezaubernde Jeannie* und als J. R. Ewing in *Dallas* berühmt geworden war. 20 Minuten Dauerlächeln für Fotografen und Kameras waren für den weltbekannten Mimen kein Problem. Der US-Schauspieler mit weißem Cowboyhut konnte kaum einen Fuß vor den anderen setzen, so sehr umzingelten ihn die Reporter. Den Zuruf „Larry, we love you!" goutierte er süffisant grinsend mit „I know!" – „Ich weiß!" und setzte für wenige Sekunden den berühmten J. R.-Blick auf. Interviews wollte er nur spontan geben. Umringt von Fotografen schritt er – geschützt von einigen Bodyguards – durch den Stall zwischen den Pferden. Ich hatte mich mit meinem Kameramann am Ende des Stalls positioniert. Vor dort hatten wir einen exzellenten Blick auf den Trubel, und die Blitzlicht-Herde drängte auf uns zu.

„Mach dich zum Baum“, sagte ich zu meinem Kameramann. Eine Taktik, wie ich sie aus einigen Wildwest-Filmen kannte: Wenn eine Rinderherde auf einen losrennt, sollte man stehen bleiben wie ein Baum. Die Rinder rannten im Film dann meistens um diesen „Baum“ herum. Mein Kameramann schaute mich skeptisch an, und ich erklärte meine Taktik: „Bleib einfach ruhig stehen, sie können uns nicht niederrennen.“ Also standen wir beide wie eine Eins, und mein Plan ging auf: Die Menge teilte sich, ja sogar die Bodyguards machten einen Bogen um uns, und wir standen plötzlich direkt vor J. R. Ewing. Der war ein wenig erstaunt, so wie ich auch, nämlich darüber, wie problemlos meine Taktik aufgegangen war. Er grinste, wie ich es aus dem Fernsehen kannte, und nach einer kurzen Begrüßung hatte ich mein gewünschtes Interview mit ihm. Vor allen anderen. Aiderbichl-Gründer Michael Aufhauser raunte mir nur zu: „Du weißt, wie es geht!“

Gut-Aiderbichl-Gründer Michael Aufhauser am Set

Im Rahmen unserer Wochenreportage haben mich die Tierärzte am meisten fasziniert, die hier im Dauereinsatz waren. Kaum hatten wir uns für ein Interview mit ihnen positioniert, bekamen sie auch schon einen Funkspruch, um neue Patienten zu holen. Oft mussten sie auch ausrücken, um verletzte Tiere außerhalb des Gnadenhofs zu versorgen. Hirsch Burli wollte die Schutzhaut an seinem Geweih loswerden; Stier Monti wurde angeliefert, weil er auf seinem Bauernhof nicht mehr bleiben konnte; der pubertäre Eber Basti büchste pausenlos aus – es war dauernd etwas los, und wir hatten ordentlich zu tun, alles mit der Kamera einzufangen. Damit blieb für unsere neutralen Aufnahmen immer nur zwischendurch Zeit. Die „ruhige Kugel" schoben hier nur die tierischen Bewohner. Dass wir uns frei bewegen konnten, erleichterte unser Vorhaben aber.

Am dritten Vormittag, wir waren gerade dabei, einige Pferde auf den Koppeln zu drehen, fragte uns ein Tierpfleger, ob wir helfen könnten. Nichtsahnend sagte ich zu. Wie sich herausstellte, war ein verletzter Rotfuchs bei einem Bauern in der Nähe gefunden worden und musste abgeholt werden, aber alle Aiderbichl-Autos waren im Einsatz oder zu weit weg. Das war meine Chance, etwas Nützliches zu tun. Es gab kein Überlegen – rasch die Kamera verstaut, und los ging's. Natürlich dokumentierten wir den Einsatz: Vorsichtig holte der Tierpfleger den verschüchterten, zitternden Fuchs aus dem Stall. Der schien zu wittern, dass ihm nichts Böses drohte, und ließ sich problemlos in die Transportbox legen, die wir in unserem ORF-Auto auf die Rückbank gestellt hatten. So chauffierten wir Meister Reinecke zum Gnadenhof, wo schon die Tierärztin wartete und ihn sofort mit in die Ordination nahm. Es war meine erste Tierrettung, und ich war stolz. Nachmittags bei unserem Abschlussinterview mit Michael Aufhauser wurde ich von ihm zum „Ehrentierretter" von Gut Aiderbichl ernannt. Ich bekam eine der roten Team-Jacken und fühlte mich sehr geschmeichelt. Diese Jacke habe ich als Erinnerungsstück noch immer – auch wenn sie mir inzwischen nicht mehr passt.

Nach diesem arbeitsintensiven Sommer bemerkte ich an mir eine Veränderung. Der Job machte plötzlich keinen Spaß mehr. Ich wollte nicht ins ORF-Zentrum fahren; ich drehte mehr oder weniger lustlos meine Beiträge. Ich fühlte mich müde und konnte mich nur schwer motivieren. Meine Leistungsfähigkeit stagnierte, und ich machte immer wieder Fehler. Es fiel mir schwer, mich zu konzentrieren, und ich zog mich immer mehr zurück. Ich wollte eigentlich keine Menschen mehr treffen. Ich fühlte mich leer.

Ich hatte mich zu oft über meine Arbeit, über Leistung definiert. Mir war von meinen Eltern anerzogen worden, ehrgeizig und perfektionistisch zu sein. Sich krankschreiben zu lassen, das „tat man nicht". Mein Job hatte mir immer viel Spaß gemacht, aber er war auch mit dem permanenten Druck verbunden, abzuliefern. Ich hatte bei der Arbeit immer mehr als 100 Prozent gegeben – das ist mir aber erst im Nachhinein klar geworden. Jetzt hatte ich plötzlich kein Vertrauen mehr in das, was ich tat. Bei Drehs hatte ich oft starkes Herzklopfen und war nachher schweißgebadet – und nicht, weil sie so anstrengend waren. Ich war emotional erschöpft und nahe am Burn-out. Ein Ausgleich zum Arbeitsalltag fehlte mir zu dieser Zeit völlig; ich war immer für andere da und ständig im Modus „Ich muss" und „Das geht schon noch". Irgendwann war ich komplett überfordert und erschöpft.

Zum Glück hörte ich damals auf die Signale meines Körpers und nahm mir eine mehrwöchige Auszeit. Ich war viel in der Natur, bin in den Weinbergen spazieren gegangen und habe begonnen, ein Tagebuch zu schreiben. Das hat mir geholfen, überhaupt an mich selbst zu denken. Ich habe mir alles von der Seele geschrieben. Es war ein langwieriger Prozess. Am schwierigsten war es für mich, herauszufinden: Wie geht es mir eigentlich? Was sagt mein Körper? Was macht mich glücklich? Ich musste wieder hungrig nach meinem Job werden, und langsam kam wieder der Appetit nach Fernsehen. Danach ging ich meinen Job ein wenig ruhiger an. Ich habe damals vor allem gelernt, mir rechtzeitig Auszeiten zu nehmen.

ICH KENNE IHN NUR ZU GUT

Ein Jahr später kehrte ich wieder zum Gut Aiderbichl zurück. Eine weltberühmte Wissenschaftlerin, die ich schon während meiner Schul- und Studienzeit verehrt hatte, hielt 2008 am Ostermarkt einen ihrer Vorträge: Jane Goodall.

Dame Jane Goodall, geboren 1934, ist neben Dian Fossey und Birutė Galdikas eine von drei Frauen, die Anfang der 1960er-Jahre Langzeituntersuchungen über Menschenaffen begannen. Sie beginnt ihre Vorträge immer auf „Schimpansisch" mit der unter den Primaten üblichen Begrüßung, die wie „Uhuh uh uuuuuhhh" klingt. Wer sie live erlebt, merkt schnell: Hier spricht eine Frau, die von ihrer Mission erfüllt und so viele Jahre nach ihren Entdeckungen noch immer genauso fasziniert von den intelligenten und hochsozialen Wesen ist wie am ersten Tag. Damals schon habe ich eine besondere Verbindung zu ihr und ihrer Arbeit gespürt. Ich war bei unserem ersten Treffen so aufgeregt wie bei einer Prüfung.

Das legte sich aber sehr rasch, denn mir saß eine energiegeladene, inspirierende, aber auch warmherzige Frau gegenüber. Ihre Augen strahlten, als sie mir von ihren Anfängen erzählte. 15 Minuten waren uns für das Interview zugesagt – nach 30 Minuten wollte sie noch immer weitererzählen. Ihre Pressebetreuer signalisierten immer heftiger, dass wir zu einem Ende kommen sollten. Aber es war einfach zu spannend, was sie zu erzählen hatte. Zum Glück sollten noch mehrere Treffen folgen, und ich ließ mir natürlich ihr Buch *Wilde Schimpansen* signieren.

Drei Jahre später traf ich die Schimpansenforscherin erneut, als sie Jane-Goodall-Botschafter und -Botschafterinnen in Wien ernannte. Mit dem Titel Dame residierte sie immer in der britischen Botschaft der Stadt, in der sie sich gerade befand. Und ich war mittlerweile so etwas wie ihr Wiener Hofberichterstatter geworden. Unser Gespräch fand also im Park der Botschaft statt, den uns der damalige britische Botschafter Simon Smith als Drehlocation zu Verfügung gestellt hatte. Ich bemerkte im Gespräch, dass es der Britin immer schnell gelang, die Barriere zwischen ihrem Gegenüber und sich aufzulösen. Mr. H. – ein Stoffschimpanse, der Goodall überallhin begleitete und bei jedem Interview und Vortrag neben ihr saß – half dabei.

Mit der Verhaltensforscherin Jane Goodall in der britischen Botschaft in Wien

Er sei aber nicht *irgendein* Stofftier, berichtete die Forscherin: „Ich hab ihn 1996 von meinem guten Freund, dem Magier Gary Haun, geschenkt bekommen. Als dieser mit 25 Jahren sein Augenlicht verlor, beschloss er, die Zauberei zu erlernen. Jeder sagte ihm damals, dass er es als Blinder nicht weit bringen würde. Aber er wurde ein sehr guter Zauberer. Er tritt vor Kindern auf, die nicht bemerken, dass er nichts sieht. Seine Message ist: ‚Gib nicht auf, wenn dir etwas Schlimmes passiert!' Mr. H. hat mit mir mehr als 60 Länder bereist und wurde von mehr als drei Millionen Menschen berührt. Ich erzähle jedem, der ihn anfasst, dass er etwas von dieser Inspiration bekommt, die Gary mir gab. Das bringt die Menschen zum Lächeln. Und wir brauchen mehr Lächeln."

Ich habe Jane Goodall insgesamt sieben Mal getroffen – ich habe sie mit der Kamera vom Vienna International Airport abgeholt, nachdem ihr Flugzeug aufgrund eines Fliegerbombenfundes verspätet abgeflogen war und sie gerade noch rechtzeitig zu ihrem Vortrag an der Veterinäruni kam. Am Flughafen erzählte sie mir, dass sie gerade wieder Fans getroffen hatte, die mit ihr Selfies machen wollten, was sie gar nicht gern mochte. Dieses Statement habe ich in der damaligen Story eingebaut, wie immer übersetzt und auf Deutsch nachsynchronisiert. Am Tag der Sprachaufnahme kam die Sprecherin nach dem Einsprechen zu mir und zeigte mir stolz ein Foto auf ihrem Handy: Es war ein Selfie mit Jane Goodall.

Einmal habe ich die Forscherin auch zu einer Benefizveranstaltung im Muth begleitet, als sie beim Besuch der Wiener Sängerknaben in deren Schule ein Privatkonzert bekam, und ich habe sie immer wieder in der britischen Botschaft zu weiteren Interviews getroffen. Und obwohl man ihr Gesichtsblindheit nachsagt, erinnerte sie sich immer an mich. Als mich die spätere britische Botschafterin ihr vorstellen wollte, unterbrach sie diese mit den Worten „You don't have to, I know this guy quite well!" – „Sie müssen uns nicht vorstellen, ich kenne diesen Mann ziemlich gut!" Es war für mich eine Art Adelung, dass ich ihr in Erinnerung geblieben war – obwohl ich froh war, dass sie nicht näher ausführte, warum. Man kann ihre Aussage positiv wie negativ sehen – wie sie es tatsächlich gemeint hat, weiß nur die sanfte Rebellin, wie sie von Journalisten oft genannt wurde, selbst.

SCHLOSSBESITZER?

Fast so oft wie Jane Goodall habe ich den singenden Bademeister David Hasselhoff getroffen, bei ihm war es sechs Mal. Im Juli 2010, als der Weltstar im Rahmen eines Exklusivkonzerts für den ORF nach Österreich kam, hieß es wieder mal „The Hoff is back".

Das Konzert fand nach der Aufzeichnung der *Starnacht am Wörthersee* in der Werzer Seearena in Pörtschach statt. David Hasselhoff hielt dabei Rückschau auf seine größten Erfolge, von „Do the Limbo Dance" über „Crazy for You" bis zu „This Time Around". Er bekam dabei nicht nur Unterstützung von einem Ballett, sondern auch erstmals von seinen beiden Töchtern Taylor-Ann und Haley. Im ORF-Zentrum probten alle drei dafür – eine großartige Chance, ihn in unser Vorabendmagazin einzuladen. Sein Management stellte jedoch sofort klar, dass David für solche Auftritte bei den deutschen Kollegen hohe Gagen kassierte. Ich sollte ihn trotzdem direkt ansprechen und einfach mal sehen, was er dazu meinte. Ich erinnerte ihn in einem Telefonat, wer ich war, sprach über unseren Besuch bei ihm in L.A. Er war auf der Stelle gut gelaunt und meinte: „We can do it beside my rehearsals if there is time." Also: „Wenn Zeit bleibt, können wir das neben meinen Proben machen."

Für mich war das ein Ja, da man Probezeiten ja steuern konnte. Doch im Hinterkopf rumorte es: Was, wenn er plötzlich auch von uns eine Gage verlangen würde? Stargäste waren in der Jahreszeit-Sendung immer aus Werbezwecken zu Gast, ob sie nun ein Buch, einen Auftritt oder ein neues Album zu bewerben hatten. All das galt für den Hollywoodstar diesmal nicht. Selbst eine Rückversicherung bei seinem Management half nicht. Wenn er wollte, würde er zur Verfügung stehen, war die wenig konkrete Antwort. Ich setzte also auf Geschenke, als ich ihn persönlich im ORF-Zentrum in Empfang nahm:

Für seine Töchter hatte ich Confetti-Puppen dabei, da David ja damals mit seinen noch sehr jungen Töchtern in der *Confetti Show* aufgetreten war. „Gunther, good to see you again!" – „Schön, dich wiederzusehen!" –, schallte es mir zur Begrüßung entgegen – ich werde nie verstehen, warum Amerikaner und Briten kein *ü* aussprechen können.

Taylor-Ann erblickte die Puppe, stieß einen Freudenschrei aus und Papa Hasselhoff grinste. Er war sehr erfreut, dass ich an seine Tochter gedacht hatte. Sein Manager meinte dazu nur, Österreicher wüssten, wie man jemanden einwickelt, die Deutschen müssten dafür zahlen … Damit stand dem Gratisbesuch in der Live-*Sommerzeit* nichts mehr im Wege, und David zeigte sich als sehr redseliger Talker im Studio. Er ließ uns unter anderem wissen, dass er gerade Ausschau nach einem Schloss oder einer Burg hielt, um auch eine Bleibe in Österreich zu haben. Und da gerade die Fußballweltmeisterschaft in Südafrika stattfand, konnten wir ihn sogar zu einem Elfmeterschießen im Studio überreden. Die Amerikaner sind eben echte Showprofis.

Fußballtipps für David Hasselhoff in der ORF-Sendung „Sommerzeit"

David fand unser Vorabendmagazin großartig und wollte nach der Livesendung alles darüber wissen. Er sprach außerdem die Einladung an mich aus, ihn während des Sommers exklusiv mit einem Kamerateam an den Wörthersee zu begleiten. Das war etwas Besonderes, da David backstage sonst nur von einem US-amerikanischen TV-Team begleitet wurde und sonst niemand Zutritt hatte. Natürlich war es nicht nötig, dass er die Einladung doppelt aussprach. Auf diese Weise gelangte ich mit meinen Dreharbeiten sogar ins US-Fernsehen. Dennoch war es kein Karrieresprung.

David Hasselhoff beim Elfmeterschießen
im ORF-Studio von „Sommerzeit“

BADENIXE

Mit der wohl bekanntesten Rettungsschwimmerin aus Davids *Baywatch*-Team bekam ich es 2015 zu tun: Pamela Anderson wurde durch ihre Rolle als C. J. Parker international zum Star. Mit ihrem roten Badeanzug, ihren wehenden blonden Haaren und nicht zuletzt durch ihre Brust-OPs wurde sie zum Sexsymbol der 1990er-Jahre, und dementsprechend groß war der Medienrummel um sie, als sie 2015 als Stargast der Vienna Fashion Night nach Wien kam. Der offizielle Medientermin fand vormittags im *Hotel Melia Vienna* statt. Hoch über den Dächern Wiens war das Management des Superstars rigoros: Für TV-Interviews wurde ein zunächst nicht aufzutreibendes spezielles Licht verlangt – ein Ring-Light, das die Augen besonders strahlen lässt.

Es gab Diskussionen mit ihrem Management, um ihnen klarzumachen, dass diese Ring-Lights in Österreich nicht Standard waren, und es dauerte eine ganze Weile, ihr Management und ihre Stylisten davon zu überzeugen, dass Pamela auch mit den üblichen Scheinwerfern schön aussehen würde. Eine ihrer Stylistinnen musste sogar ein Probeshooting absolvieren, dann wurden der ehemaligen Badenixe die Aufnahmen gezeigt. Diese stießen zum Glück auf Wohlwollen, und Pamela kam, nein sie *erschien*, schließlich zu den Interviews.

Mit einer Entourage aus gut 12 bis 15 Personen betrat sie den Raum. Zuerst gab es fünf Minuten für Fotos. Blickte Pam direkt in die Kamera, mussten die Fotografen diese Aufnahmen prompt wieder löschen, darüber entschied eine ihrer Begleiterinnen. Während der Interviews waren Fotos dann verboten. Doch Anderson selbst war freundlich. Während sie es sich auf der Couch bequem machte, übten wir uns in Small Talk. Ich bewunderte Ihre Locken, und sie erzählte mir, ihr echtes Haar reiche nur bis zu den Schultern, daher habe sie es verlängern lassen. Lange Haare würden ihr Power geben, plauderte sie. An ihrem schwarzen Oberteil mit tiefem Dekolleté prangte ein Anti-Pelz-Anstecker.

Interview mit Pamela Anderson in Wien

Anderson lebte schon damals vegan, war Fürsprecherin für Tierrechte und aktives Mitglied der Tierrechtsorganisation PETA. Damit war der Einstieg ins Interview klar. Wir redeten über ihr PETA-Engagement, und erst gegen Ende des Gesprächs kamen wir auf die Vienna Fashion Night zu sprechen. Unsere Zeit näherte sich dem Ende, und ihre Pressebetreuer gaben mir ein Zeichen, aufzuhören. Doch sie hatten nicht mit Pamelas Spontanität gerechnet – mit einem knappen „It's okay!" in deren Richtung verlängerte sie einfach das Interview.

So hatten wir noch Gelegenheit, ihre *Baywatch*-Vergangenheit zu thematisieren, was vorher eigentlich untersagt worden war. Dennoch gestand sie mir, noch mehrere Badeanzüge von den Dreharbeiten daheim zu haben. Und stolz bemerkte sie: „They still fit me!" – „Sie passen mir noch immer!"

Abends begleiteten wir Pamela Anderson dann zur Vienna Fashion Night. Rund 80 Modegeschäfte hatten bis spätabends geöffnet, und die Schauspielerin besuchte einige davon, umringt von Fotografen und Kamerateams und geschützt von Bodyguards. Einer von ihnen gab uns ein Zeichen, und wir durften mit unserer Kamera in den „inneren Kreis“.

Als der Rummel zu groß wurde, flüchtete sie sich in den Victoria's-Secret-Shop, und wir durften mit. Sie merkte, dass wir mit dem Filmen aufhörten, um ihr ein wenig Ruhe zu gönnen, und eröffnete von selbst das Gespräch. Ich wollte wissen, ob dieser Rummel für sie normal war – und sie bejahte. Besonders in Europa, wo sie nicht so oft zu Besuch war, sei es arg.

Der Serienstar hatte an diesem Abend einen dichten Zeitplan, denn sie musste diverse Geschäfte besuchen, die sich an ihrer Gage beteiligt hatten, und am Ende auch noch einer Haute-Couture-Modeschau am Dach der Erste Bank beiwohnen. Immer wurde sie dabei von Kameras und Fotografen beäugt. Stille Momente hatte sie nicht.

Wir reduzierten unsere Aufnahmen auf das Notwendigste. Es macht nämlich wenig Sinn, jemanden ständig zu nerven. Gegen 22.00 Uhr waren unser Drehtag und ihr Gastauftritt dann beendet. Im Gehen steckte mir ihr Personal Manager plötzlich seine Visitenkarte zu: „Whenever you come to California, let us know. You were very considerate. Maybe we can do something for you!“ Also: „Falls ihr mal in Kalifornien seid, sagt Bescheid. Ihr wart sehr rücksichtsvoll, vielleicht können wir mal was für euch tun.“ Leider hat sich ein Trip nach Kalifornien seit damals nicht mehr ergeben. Die Visitenkarte habe ich aber immer noch. Man weiß ja nie …

HABEMUS PAPAM BEI AL BANO

Zu seinem 70sten Geburtstag ging der Entertainer Al Bano auf Tour und kam dabei auch nach Österreich. Um seine Konzerte im Vorfeld zu promoten, lud er ausgewählte Journalisten zu sich nach Apulien. Mit meinem Kameramann Walter Pfreundschich flog ich also im März 2013 für drei Tage nach Italien.

Al Bano wohnte in einem kleine Örtchen namens Cellino San Marco im Süden Italiens. Dort hatte er sich einige Jahre zuvor sein kleines Reich gebaut – inklusive eigener Traumvilla, Hotel, einer Kapelle, einem Weingut und allem, was dazugehört. Als wir ihn besuchten, lebte der Sänger alleine dort. Bei unserem Eintreffen dämmerte es zwar bereits, aber schon da konnte man erkennen: Das Al-Bano-Reich ist ein kleines Dorf. Nur ihr „Bürgermeister" war noch nicht zu sehen. Der wollte sich erst am nächsten Tag zeigen.

Daheim bei Al Bano Carrisi mit Kameramann Walter Pfreundschich

Nach dem Frühstück hatten wir zunächst gut eine Stunde, um uns bei Tageslicht einen Eindruck von der Größe des Areals zu verschaffen. Als wir gerade zwischen den Olivenbäumen drehten, hörte ich hinter mir ein: „Ciao ragazzi!“ – Al Bano kam wie der Pate, gekleidet mit dunklem Sakko und weißem Hut, auf uns zu. Er schüttelte allen sehr freundlich die Hand und sprach eine Mischung aus gutem Englisch und schlechtem Deutsch, also das, was man als „Denglisch“ kennt. Er posierte daraufhin bereitwillig zwischen den 10.000 Olivenbäumen seiner Plantage und half dabei auch gleich seinem Gärtner, indem er ihm die Schere abnahm und anfing, medienwirksam Äste auszuschneiden. Al Bano schien kein typischer Großgrundbesitzer zu sein – mitzuarbeiten war im wichtiger, als Befehle zu geben.

Der Sänger produzierte nicht nur sein eigenes hochwertiges Olivenöl aus Kaltpressung und ohne Zusätze oder Geschmacksverstärker. Sein angrenzendes Weingut umfasste außerdem 80 Hektar Weinberge, auf denen verschiedene Rebsorten angebaut wurden. Sowohl sein Olivenöl als auch sein Wein waren bekannt für ihre Qualität und ihren Charakter und wurden in vielen Ländern weltweit verkauft. Nachdem uns der Italiener genauestens erklärt hatte, worauf es beim Weinbau ankam, ging's zu ihm nach Hause.

Er war schneller als wir, die wir die Kamera mitschleppten. Außerdem drehten wir auf dem Weg gleich ein paar Aufnahmen von seiner Villa. Und die war riesig. Bei unserem Eintreffen erwartete er uns telefonierend auf der Terrasse. Kaum war er mit dem Gespräch fertig, läutete sein zweites Handy, und er war schon wieder am Telefonieren. Das ging gute 20 Minuten so. Sein Assistent meinte nur, so sei das eben bei Al Bano – immer busy, immer wichtig.

Im Wohnzimmer der Villa stand ein großer weißer Flügel, Gemälde hingen an den Wänden. Auf dem Steinboden – wahrscheinlich Marmor – lagen edle Teppiche, große Vasen mit Blumen waren im ganzen Haus verteilt. Auf einer Kommode standen Fotos seiner Eltern – Al Bano stammt aus einer Bauernfamilie. Der Sänger hatte seinen ersten größeren Erfolg 1967 mit dem Lied „Nel sole" gefeiert, so richtig explodiert war seine Karriere aber erst mit Ehefrau Romina Power, der Tochter des Schauspielers Tyrone Power. Die beiden hatten aber auch einen schweren Schicksalsschlag zu verkraften, der weltweit für Schlagzeilen sorgte: 1994 verschwand Ylenia, ihre älteste Tochter, während eines Aufenthalts in den USA. Ihr Vater vermutete damals, dass sie sich unter dem Einfluss von Drogen das Leben genommen haben könnte. 1996 kehrte Al Bano als Solokünstler auf die Bühne zurück. Aus diesem umfangreichen Schaffen wollte er die Konzerte seiner aktuellen Tour bestücken.

Gegen Ende des Interviews kam der Assistent mit einem Handy zurück und reichte es mit dem Hinweis „Importante!" dem Hausherrn. Der meinte, bevor er sich wieder dem Telefon widmete: „Wir sehen uns in zwei Stunden im Weinkeller!" Natürlich bat der stolze Winzer zur Verkostung seines Rotweins. Im Interview gestand Al Bano später, dass er mittlerweile wohl mehr Wein verkauft hätte als Platten. Sein Weinkeller war sein größter Stolz.

Weinverkostung mit Al Bano Carrisi

Zum abschließenden Abendessen bat der Patrone dann in sein eigenes Restaurant, das er auf seinem Anwesen betrieb. Hier konnten Besucher und Touristen nicht nur essen, sondern auch in einem Hotel übernachten. Das Restaurant hieß *Felicità* – in Anlehnung an Al Banos und Romina Powers Welthit. Sogar Al Bano selbst arbeitet dort immer wieder mit. Serviert wurde regionale Küche, doch kurz vor dem Abendessen holte uns ein Weltereignis ein: Kardinal Jorge Mario Bergoglio wurde zu Papst Franziskus I. ausgerufen und trat auf den Balkon am Petersplatz. Al Bano, ein praktizierender Katholik, erhob sogleich das Glas. Sein Trinkspruch lautete: „Habemus papam!" Erst danach bedankte er sich für unseren Besuch.

BLITZLICHTER

„Liebe Gäste, bitte folgen Sie den Anweisungen der Ordnungskräfte, und verlassen Sie in Ruhe das Gelände!“

Wir schreiben den 23. Juli 2015 – es ist der erste Probentag zum Sommer-Open-Air von *Wenn die Musi spielt* bei der Kaiserburg-Talstation in St. Oswald. Bereits während die Meissnitzer Band und Die Mayrhofner nachmittags auf der Bühne probten, wurden Kameras mit Regenschutz, abgedeckt, Kameraleute zogen Regenmäntel an, Besucher spannten ihre Schirme auf.

Schon seit Juli 1996 ist Bad Kleinkirchheim einmal jährlich der Anziehungspunkt für Schlager- und Volksmusik-Fans. Bühne und Technik werden ab Montag aufgebaut. Am Donnerstag wird zum ersten Mal geprobt. Und am Samstag findet die Livesendung statt. Traditionell versammeln sich schon zur ersten Probe Hunderte Musikbegeisterte vor der Bühne. Es herrscht eine ganz eigene Atmosphäre beim *Musi*-Open-Air: Die Stars sind nahbar, gehen schon Tage davor mit den Fans wandern. Und auch die Beziehung zwischen den Künstlerinnen und Künstlern ist ganz besonders.

An diesem Juli-Donnerstag kamen die Stars wie immer ab 16.00 Uhr mit Shuttlebussen an, und wir warteten mit der Kamera hinter der Bühne auf sie. In 30-minütigen Blöcken wurde geprobt, mehr Zeit stand pro Band nicht zur Verfügung. Das hieß einmal für Regie und Kameraleute die Performance durchgehen, Kamerapositionen festlegen, Details fixieren und dann an Einzelheiten feilen: Wer blickt wann genau in welche Kamera, wer wechselt wann die Position auf der Bühne und so weiter. Während dann für die nächste Band umgebaut wurde, wurden die Moderationen geprobt. Die Vorbereitung einer solchen Liveshow funktioniert nur mit einem straffen Zeitplan. Ich durfte mich vor, hinter und auf der Bühne bewegen, Interviews führen und Probeneindrücke filmen. Mein Ziel war es, beim *heute-leben*-Zuschauer durch meinen Beitrag das Gefühl zu erzeugen, mitten im Geschehen zu sein. Aber auch unser Zeitrahmen für die exklusiven Aufnahmen und Interviews war durch den straffen *Musi*-Zeitplan sehr begrenzt. Kaum war eine Probe beendet, führte ich meine Interviews, die nicht zu lange dauern durften, um die nächste Probe auch ja nicht zu verpassen. Da hilft es, mit den Kameraleuten ein eingespieltes Team zu sein.

In Bad Kleinkirchheim war es an diesem Tag schwül, die Luftfeuchtigkeit in den Nockbergen war ungewöhnlich hoch. Im Verlauf des Nachmittags zogen immer mehr Wolken auf, die wir aber für harmlos hielten. Auch als es während der Probe der Meissnitzer Band zu regnen anfing, machten wir weiter. „Wir sind ja nicht aus Zucker", lautete die allgemeine Einstellung. Als dann Wind aufkam und in der Ferne erste Blitz zu sehen waren, war schließlich klar: Ein Gewitter war im Anrollen.

Mit der beginnenden Dämmerung wirkten die ständig näher kommenden Blitze immer bedrohlicher. Meine Blicke wechselten zwischen Bühnengeschehen und Himmel hin und her. In einer kurzen Probenpause fand auf der Bühne eine Besprechung zwischen Feuerwehrleuten, der Regisseurin und dem Veranstalter statt – mit dem Ergebnis, dass auf der riesigen Videowall nun die Aufforderung eingeblendet wurde, das Gelände zu verlassen. Es gab hier weit und breit kein Haus, kein Hotel, in das man sich zur Sicherheit hätte zurückziehen können, nur das VIP-Zelt nahe der Bühne und die Garderobencontainer für die Bands. Die jungen Zillertaler boten mir an, das Gewitter mit ihnen dort abzuwarten. Aber eine riesengroße Metallkiste schien mir dafür nicht der beste Ort, also zog ich das Zelt vor.

Kaum war ich dort angekommen, begann das Gewitter auch schon so richtig: laut und heftig. Blitze schlugen im Minutentakt irgendwo in der Nähe ein, und kurz darauf krachte der ohrenbetäubende Donner. Das war auch den jungen Zillertalern zu heftig, und sie folgten uns schließlich durchnässt ins Zelt.

Es wäre gelogen, zu behaupten, dass ich mich sicher fühlte. Für Stadtmenschen wie mich ist ein Gewitter in den Bergen etwas Außergewöhnliches und mit Gewittern in der Stadt an Heftigkeit kaum zu vergleichen. Während andere versuchten, mich zu beruhigen, und der Regen immer heftiger auf das Zelt prasselte, kam mein Kameramann auf die Idee, ein paar Gewitteraufnahmen außerhalb des Zelts zu drehen. Ich hielt auch das für keine gute Idee, er ließ sich aber nicht abhalten. Die *Musi*-Crew nutzte die Pause unterdessen zur Stärkung am Catering, mir war der Appetit vergangen, und ich sah immer wieder zur kleinen Gruppe aus Feuerwehr, Regisseurin und Veranstalter hinüber, sah sie gestikulieren und hörte ab und zu unverständliche Funksprüche. Als ich mir etwas zu trinken holte, stand plötzlich etwas sehr Nasses neben mir: mein Kameramann!

Eine Stunde später hatte sich die Wetterlage beruhigt – zumindest so weit, dass man weiterproben konnte. Die Bühnenarbeiter versuchten, den Wassermassen Herr zu werden, und Matakustix begaben sich auf den Weg zur Probe, aber nach ihnen war es auch schon wieder vorbei – das Gewitter kehrte zurück, diesmal aus der anderen Richtung und noch lauter und heftiger.

Es sah so aus, als ob das Gewitter verärgert war, dass wir immer noch hier waren. Im Zelt hatten wir keinen Blick darauf, wo der Blitz überall einschlug; da Blitz und Donner so nahe beieinander lagen, musste es aber wohl ganz nah am VIP-Zelt gewesen sein. Manchmal war es gleichzeitig hell und laut. Sängerinnen und Sänger, Musikerinnen und Musiker wussten nicht, ob sie an diesem Abend noch proben könnten; meine Unsicherheit bestand eher darin, dass ich nicht wusste, ob und wie wir von hier zu den Autos kämen – wir waren zehn Minuten entfernt vom Parkplatz.

Es war inzwischen fast Mitternacht geworden. Die Gelassenheit, mit der die meisten im Zelt das anhaltende Gewitter hinnahmen, beeindruckte mich. Einige spielten mit ihren Instrumenten, andere scherzten und lachten – die Gruppendynamik war seltsam. Ich selbst hatte inzwischen mein T-Shirt vor Unruhe – man könnte auch sagen Angst – durchgeschwitzt, als nach fast zwei Stunden endlich Entwarnung gegeben wurde. Aufgrund des engen Zeitplans am darauffolgenden Freitag wurden die Proben spät in der Nacht mit den Edlseern fortgesetzt, Marc Pircher bildete den Abschluss. Um 2.00 Uhr nachts hatten wir unsere Aufnahmen für diesmal abgeschlossen, und schon am Freitagvormittag gegen 10:00 Uhr saß ich mit dem Kameramann und ziemlich kleinen Augen im Schneideraum. Manchmal war mein Job also echt anstrengend – aber wie heißt es so schön: Irgendeiner muss ihn ja machen!

Unsere Story, die wir am Ende nach Wien überspielten, war dann nicht nur eine Geschichte über die *Musi*-Proben, es war eine Story über das Ausharren in einem dramatischen Unwetter. Doch die Fernseh-Livesendung am Samstag fand, wie könnte es anders sein, bei bestem Sommerwetter statt.

Im Jahr darauf reiste ich erneut nach Bad Kleinkirchheim, um über die Proben zum Sommerspecial von *Wenn die Musi spielt* zu berichten. Auch diesmal wurden sie wegen heftiger Gewitter mehrere Stunden unterbrochen. Nach zwei Evakuierungen wegen Unwetter gab ich den Kärntner Gewittern keine dritte Chance mehr.

BLAUMÄNNER

Als Fernsehredakteur muss man nicht nur gut sein, man muss auch Geduld haben. Manchmal sogar jahrelang. Ganz nach dem Motto „Steter Tropfen höhlt den Stein" kann es Jahre dauern, bis ein persönlicher Fan-Moment wahr wird. So wie meiner – beim persönlichen Treffen mit der Blue Man Group.

Die US-amerikanische Performancegruppe ist für ihre farbenfrohen Shows, ihre einzigartigen musikalischen Instrumente und ihren Humor bekannt. Ich bezeichne sie oft scherzhaft als „Schlümpfe für Erwachsene". Die Gruppe tritt oft mit einem Ensemble auf, bestehend aus den drei Blue Men und einer Band. Die Gruppe ist im Wesentlichen ein Trio stummer Clowns mit einigen sehr merkwürdigen Spielzeugen und selbst gebauten Instrumenten wie Pianos aus Plastikröhren und Schlagzeugen aus Regentonnen. Sie wirbeln über die Bühne wie ernste und etwas unkooperative Kleinkinder oder nachdenkliche Außerirdische.

Als ich die Group in den 1990er-Jahren erstmals im Fernsehen sah, war ich geflasht und habe seither kein Wien-Gastspiel mehr ausgelassen. Die Kombination aus Rhythmus und Performance hat mich in ihren Bann gezogen. Seit meiner Zeit im ORF-Kinderprogramm *Ich und Du* hatte ich das Ziel, sie entweder ins Studio zu holen oder sie zumindest zu drehen. Am liebsten wollte ich sie im Studio eines ihrer Instrumente herstellen lassen oder mit ihnen im Baumarkt die Basisteile für ihre Instrumente „einkaufen". Der Studioplan scheiterte immer daran, dass die Blauen nicht sprechen (dürfen). Sie spielen mit ihrer Mimik, sie schauen, sie bewegen sich zur Situation passend, aber geredet wird nicht.

Also blieb das Vorhaben, mit ihnen in einen Baumarkt zu gehen und dort Rohre, Tonnen, Besen und so weiter für ihre Bühnenshow zusammenzusuchen. Ich schickte also die erste diesbezügliche Anfrage nach Amerika. Ich glaube ja bis heute, dass die Verantwortlichen in den USA dort laut lachend von den Stühlen gefallen sind, denn wie schon bei anderen Anfragen über den großen Teich kam auch hier nie eine Antwort.

Als die Blue Man Group dann mit Europa-Touren begann und sogar Jahre fix in Berlin stationiert war, habe ich es über die europäischen Veranstalter versucht. Die fragten natürlich wieder in den USA nach – und erhielten zumindest Antwort. Eine abschlägige. Die Blue Man Group mache solche Geschichten nicht. Sie würden schon äußerst selten Fernsehstudios betreten, aber einen Baumarkt? No way.

Aber wie gesagt: Steter Tropfen höhlt den Stein. Gemeinsam mit der Allegria Communications GmbH und ihrem Chef Mario Reiner habe ich ab 2006 vor jedem Gastspiel in Österreich diese Idee neu angefragt. Entweder haben sie aufgegeben, als sie gemerkt haben, dass ich sehr hartnäckig bin, oder es gab einen Wechsel an der verantwortlichen Stelle. Denn im Herbst 2018 erhielt ich plötzlich ein Ja als Antwort auf meine Anfrage. Allerdings nicht für Wien, sondern für Köln.

Der Dreh fand am 20. Dezember statt: Die Gruppe probte vormittags (ohne Make-up), danach gab es Interviews auf der Bühne und nachmittags dann: drei Blaumänner im Baumarkt.

Thomas Rackett, Benedikt Smith und Brian Tavener waren zu dieser Zeit die Blue Men und ihre erste Frage war: „Wie habt ihr es geschafft, diese Idee durchzubringen?“ Ich musste grinsen und erzählte von meinen jahrelangen erfolglosen Versuchen.

Bevor wir zum Baumarkt losfuhren, besprachen wir noch, was wir dort filmen wollten, danach schminkte sich jeder Blue Man eine Stunde lang.

Auf Tour sind jeweils vier Blaumänner, zwei Amerikaner und zwei Engländer, die sich unter den Glatzen und Gesichtsmasken abwechseln. Insgesamt sind weltweit 60 Blaumänner im Einsatz. Außer dem

Tour-Ensemble gibt es noch sechs feste Spielorte – darunter Las Vegas und Shanghai.

Im Baumarkt hatten wir dann rund 40 Minuten Zeit zu drehen, denn inklusive An- und Abfahrtszeit durften die Darsteller nicht länger als zwei Stunden in ihrer speziell angefertigten Schminke verbringen, andernfalls werde es für die Haut gefährlich, erklärte der Blue-Man-Captain Adam Erdossy. Denn neben den Haarabdeckungen aus Latex, den „Gummiglatzen“, wurden die Gesichter der Männer mit stark fetthaltiger blauer Schminke abgedeckt. Dieses Make-up trocknet fast nie, sodass die Gruppe während der gesamten Show aussieht, als hätte sie blauen Köpfe.

Dreharbeiten mit der Blue Man Group in einem Kölner Toom-Baumarkt

Das Zeitproblem war aber nicht unser einziges Problem, denn es war fünf Tage vor Weihnachten, und unsere Story sollte im Jänner laufen. Das bedeutete: Alle Weihnachtsbäume und jeder Weihnachtsschmuck im Bereich unserer Dreharbeiten musste entfernt werden. Und das waren eine Menge Girlanden und Kugeln! Doch unter der Mithilfe aller Beteiligten schafften es meine Kamerafrau Verena

Bartsch und ich mit zwei Mitarbeitern des Baumarkts, einen Teil der Verkaufsfläche „freizuräumen". Auch wenn der Baumarkleiter zunächst tief durchatmete und die Augen verdrehte.

Wir waren gerade fertig geworden, als die blauen Darsteller hinter einem Rolltor ankamen. Sie waren nicht wiederzuerkennen – und sie waren sofort in ihren Rollen. Sie sprachen nicht mehr, gestikulierten nur noch oder arbeiteten mit Blicken. Es war schwer, zu erkennen, wer wer war.

Wir drehten das Spektakel mit zwei Kameras – der Blue-Man-Captain fungierte als eine Art Moderator, währenddessen fuhren die drei Blaumänner mit einem Gabelstapler umher, rollten eine Sackkarre durch die Gänge und benutzten neben dem mitgebrachten „Drumbone" – einer variablen Röhrenkonstruktion als Mischung aus Trommel und Posaune – auch Farbeimer, Kunststoffrohre, Paletten und Feuerlöscher als Rhythmusinstrumente. Sie agierten wie neugierige Außerirdische, untersuchten den Moderator, begutachteten die mittlerweile vielen Schaulustigen und inspizierten unsere Technik. Nebenbei ging immer wieder einer von ihnen in einen Gang und kam mit einem weiteren neuen Teil zurück, das sie für ihr Spiel benötigten. Es ist erstaunlich, wie leicht, man aus Abflussrohren ein Instrument bauen kann, das gut klingt. Wenn man es kann!

„So eine Aktion haben wir zuvor noch nie gemacht, aber es hat großen Spaß gemacht!", meinte der Blue-Man-Captain abschließend in unsere Kamera. Da musste ich ihm zu 100 Prozent recht geben.

DER GROSSE BLONDE

Durch den ORF durfte ich auch den weltberühmten großen Blonden der deutschen Fernsehunterhaltung treffen – und ein wenig kennenlernen: Thomas Gottschalk war 2003 zur Ausstellungseröffnung von Manfred Deix ins Karikaturmuseum Krems gekommen. Die beiden waren befreundet. Deix hat Gottschalk oft karikiert, und Gottschalk hat das Vorwort zum Deix-Buch *Der Männerreport* geschrieben.

Der deutsche Moderator, Entertainer und Schauspieler war in den 1970er-Jahren zunächst als Radiomoderator bekannt geworden, in den 1980er-Jahren waren dann Fernsehshows wie *Thommys Pop Show* oder *Na sowas* beim ZDF gefolgt. Gemeinsam mit Mike Krüger hatte er Unterhaltungsfilme wie *Piratensender Powerplay* oder *Die Supernasen* gedreht, und ab 1987 wurde er zum Gesicht der Unterhaltungssendung *Wetten, dass ...?* Er gehörte damit über Jahrzehnte zu den bestbezahlten Persönlichkeiten im deutschen Fernsehen.

Manfred Deix und Thomas Gottschalk im Karikaturmuseum Krems

Entsprechend groß war das Gedränge im Kremser Karikaturmuseum um den deutschen Showmaster, der unrasiert und sehr leger gekleidet erschien. Sein Auftritt stellte sogar den von Manfred Deix ein wenig in den Schatten. Umringt von Fotografen und Kamerateams, gab sich der Moderator anfangs sehr wortkarg. Statements auf der Bühne sollten reichen. Doch dann erhielt Gottschalk den ersten Kremser Karikaturorden für Verdienste um Humor und Satire – das hob seine Stimmung merklich, und beim Abgang von der Bühne nutzte ich seine gute Laune. Freundlich gab er Antworten, die allerdings sehr kurz waren. Ich ließ aber nicht locker, und als er bemerkte: „Der Herr Kollege will aber viel wissen", erklärte ich ihm, dass ich ihm in meinem Beitrag auch ein Insert geben musste, und das brauchte nun mal ein paar Sekunden mehr, als er bisher gesprochen hatte. Er musste lachen, und ab da verstanden wir uns prächtig.

Sieben Jahre später trafen wir uns beim Beachvolleyball-Turnier in Pörtschach wieder. Gottschalk war als Moderator für ATV vor Ort und durfte deshalb mit anderen TV-Stationen on air nicht sprechen. Natürlich versuchte ich trotzdem, ihm den einen oder anderen Satz zu entlocken, doch alle Tricks halfen nichts. Im ORF-Radio durfte er allerdings auftreten, und ich hatte mitbekommen, dass ein zehnminütiges Ö3-Interview geplant war. Das brachte mich auf eine Idee: Wir positionierten unsere Kamera gegenüber vom Interview-Setting und zoomten so nah wie möglich heran. So schafften wir von unserer Position sogar ein Close-up des Showmasters, und ich besorgte mir den Ton dazu von den Ö3-Kollegen. So hatte es in meiner Geschichte den Anschein, als ob wir ein Interview mit Thomas Gottschalk geführt hätten. Schon mein Großvater hatte immer gesagt: „Bua, du kannst noch so dumm sein, du musst dir zu helfen wissen." Manchmal braucht es einfach den richtigen Geistesblitz.

Das letzte Mal traf ich Gottschalk 2017 bei der Aufzeichnung von *Nena – Nichts versäumt*. Er moderierte die Show zum 40-jährigen Bühnenjubiläum der Sängerin, ich war backstage dabei.

Das Interview-Kamerateam wurde vom ZDF gestellt, sie bauten also ein fixes Setting in einem separaten Raum für die Interviews auf. Auftretende Sängerinnen und Sänger kamen zwischen Proben und Auftritten vorbei und wurden nacheinander von den deutschen und Schweizer Kollegen und mir interviewt.

So auch der Moderator der Show. Der ZDF-Kollege führte ein extralanges Interview mit Thomas, und als er fertig war, wollte Gottschalk schon aufstehen, als ich ihn mit einem leicht mahnenden „Mooooment!" daran hinderte. Artig setzte er sich wieder hin – ich erklärte, ich sei der Kollege vom ORF und hätte natürlich ganz andere Fragen.

„Na dann", meinte der Moderatorenprofi, und ich erinnerte ihn zum Einstieg an unsere erste Begegnung in Krems. „Ah, der Kollege mit den Inserts, da muss ich länger antworten", lautete seine Antwort. Es ist schon erstaunlich, was Menschen, auch Prominenten in Erinnerung bleibt - oder sie es zumindest behaupten. Wenn ein Gottschalk einmal ins Plaudern kommt, dann kann das schon dauern. Was soll ich sagen: Mein Interview war unterhaltsamer als jenes des deutschen Kollegen.

Backstage mit Thomas Gottschalk

GODFATHER OF DEUTSCHE COMEDY

Der Stellenwert von Thomas Gottschalk als deutscher Moderator ist ähnlich jenem von Otto Waalkes unter den deutschen Komikern. Otto ist unerreicht und für viele der „Godfather of deutsche Comedy". Doch Otto ist nicht nur ein deutscher Komiker – er ist auch Comiczeichner, Musiker, Schauspieler, Regisseur und Synchronsprecher.

Der gebürtige Ostfriese gilt als einer der erfolgreichsten Komödianten Deutschlands. Sein Humor beruht auf Kalauern und Wortspielen sowie albern-witziger Sprache, Geräuschen und Körpersprache. Ein stilistisches Mittel seiner Auftritte sind Parodien, beispielsweise Überarbeitungen bekannter Lieder, die er mit der Gitarre begleitet. Waalkes gehört zu den Unterhaltungskünstlern, die den allgemeinen Sprachgebrauch beeinflusst haben. Viele Otto-Sketche, Lieder, Reime und Geräusche gehören längst zum kollektiven Gedächtnis, sind Kulturgut geworden und werden sowohl von Erwachsenen als auch von Kindern geliebt. Auch ich bin mit seinen Schallplatten aufgewachsen. Seinen Text, der mit „Angeklagter! Ihnen wird zur Last gelegt, Sie hätten an dem Mast gesägt …" beginnt, kann ich noch heute auswendig.

Es dauerte nach einem Kurzbesuch im Kinderprogramm 1993, wo er seinen Kinofilm *Otto der Liebesfilm* promotete, jedoch 20 Jahre, ehe ich Audienz bei ihm in Hamburg bekam.

Anlass für das Interview 2013 war sein 65ster Geburtstag. Schon am Hinflug malte ich mir die unterschiedlichsten Varianten aus, wie dieses Interview ablaufen würde – das *ZiB2*-Interview von Ingrid Thurnher war mir immer noch gegenwärtig und ihm offensichtlich auch. Denn als ich mit einem Hamburger Kamerateam pünktlich in seinem Büro erschien und von seiner Managerin Linh Lu in den zweiten Stock zum Interviewraum gebracht wurde, huschte Otto an uns vorbei, begrüßte uns freundlich und bemerkte, als er erfuhr, dass wir aus Österreich kamen: „Ah, aus dem Land von Frau Turnschuh!»

Ich hatte einige Fragen vorbereitet, die mit seiner Karriere und seinem Leben zu tun hatten. Das hätte ich mir sparen können. Denn Otto Waalkes übernahm sofort das Kommando und zog seine Show ab. Immer wieder sprang er zwischen seinen Charakteren Robin Hood, Harry Hirsch und dem verzauberten Föhn hin und her. An ein seriöses Interview war nicht zu denken. Otto war so, wie man ihn kannte. Er lebt seit jeher mit den Erwartungen an ihn, ständig die lustige Bühnenfigur zu geben, auch wenn es nur um Small Talk geht und er eigentlich in dem Moment gar nicht lustig, sondern einfach ganz normal sein sollte. Aber ganz trennen kann man diese beiden Seiten sowieso nicht.

Beim „Godfather of deutsche Comedy" Otto Waalkes in Hamburg

Selbstverständlich griff Otto während unseres Gesprächs auch zur Gitarre und trällerte seinen Klassiker „Drunt' im Tal, ja da sitzt das kleine Ottili". Unser Treffen wurde für mich zu einem Privatauftritt, und mehr als zwei bis drei Fragen aus meinem Vorhaben konnte ich nicht stellen. Auch die hat er aber natürlich nicht ernsthaft beantwortet. Manchmal ist es besser, man lässt einfach alles so passieren, wie es passiert.

Zwei Jahre später feierte Otto sein 50-jähriges Bühnenjubiläum mit einer Fernsehshow in Offenburg. Johannes B. Kerner moderierte den Karriererückblick, und Komikerkollegen spielten Otto zu Ehren seine Sketche.

Die Show *Geboren, um zu blödeln* wurde zwei Tage geprobt, bevor sie aufgezeichnet wurde. Als er dort zu unserem Interview erschien und ich ihm mitteilte, dass ich aus Österreich kam, hörte ich wieder: „Aus dem Land von Frau Turnschuh!" Als wir dann loslegten, war er zunächst nicht bei der Sache und warf nach der zweiten Frage plötzlich ein, dass er mich von irgendwoher zu kennen glaubte. Ich erklärte ihm, dass ich vor zwei Jahren bei ihm in Hamburg gewesen war – das typische „Haha!" in Ottomanier war die Antwort.

Diesmal war er aber nicht nur darauf aus, im Interview seine Show abzuziehen. Er plauderte durchaus ernst über seine Karriere – detailliert und auf den Punkt, witzig, aber nicht verblödelnd war er an diesem Nachmittag. Und mir wurde zum ersten Mal klar, dass er auch ganz anders konnte.

Die Weggefährten und Kollegen, die an der Show mitwirkten, waren alle mehr als nervös. Es war egal, ob Ralf Schmitz, Wigald Boning oder Michael „Bully" Herbig, alle betonten, wie schwierig es sei, einen Otto-Sketch, den jeder kannte und mitsprechen konnte, zu interpretieren. „Da kann man nur scheitern", gab Herbig kleinlaut zu. Otto schlenderte bei unseren Interviews immer lächelnd vorbei – er machte den Eindruck, als ob er voller Schadenfreude war, dass die Comedians ziemlich volle Hosen hatten.

Von all diesen Eindrücken erzählte ich Otto bei unserem letzten Treffen 2021, als er bei uns im *Studio 2* zu Gast war, um seinen neuen Film *Catweazle* vorzustellen. Er musste lachen. „Ist schon ganz schön schwierig, Otto zu sein", meinte er und zwinkerte mir zu.

Wiedersehen mit Otto Waalkes im ORF-Studio 2
mit Moderatoren Verena Scheitz und Norbert Oberhauser

BULLY

Einer, der in Ottos Fußstapfen getreten ist und sogar für noch vollere Kinokassen gesorgt hat, ist der Münchner Michael „Bully" Herbig. Als Fan der *Bullyparade* war es für mich selbstverständlich, seine Filmpremieren in Wien zu covern – erstmals hatten wir 2009 rund um die Premiere zu *Wicki und die starken Männer* eine kurze Begegnung im Hotel und am roten Teppich. Und obwohl Bully dabei sehr launig meine Fragen beantwortete, auch jene, die nichts mit dem Film zu tun hatten, war er stets bedacht, die Kontrolle zu behalten. Er wollte seine Message rüberbringen, schließlich galt es, den Film zu promoten, denn seine Filme werden nach wie vor am Megaerfolg von *Der Schuh des Manitu* gemessen. Und den sahen damals unglaubliche 12 Millionen Kinobesucher.

Seine Karriere zum erfolgreichsten Humoristen des deutschen Kinos begann 1991 mit regelmäßigen Auftritten in Radiosendungen, bevor er ins Fernsehen wechselte und ein Comedy-Team mit seinen Freunden Christian Tramitz und Rick Kavanian bildete. Ihre Show *Bullyparade* war jahrelang im Abendprogramm von ProSieben zu sehen.

Mein erstes längeres Treffen mit dem deutschen Komiker, Schauspieler, Unternehmer, Drehbuchautor, Regisseur, Synchronsprecher und Produzenten fand backstage bei der *Wetten, dass...?*-Ausgabe im Dezember 2014 in der Nürnberger Messehallte statt. Otto Waalkes brachte uns damals zusammen – er meinte zu Bully: „Das ist ein lustiger Ösi." Wir sprachen über Elvis Presley, der einige Wochen später seinen 80. Geburtstag gefeiert hätte, und Bully ließ mich aufhorchen, als er erzählte, er sei Vorsitzender eines Elvis-Presley-Fanclubs. Für ihn sei der King nach wie vor ein Vorbild.

Irgendwie dürfte ihm dieses Gespräch in Erinnerung geblieben sein, denn Monate, bevor 2017 *Bullyparade – Der Film* ins Kino kam, nahm seine Managerin mit mir Kontakt auf: Bully würde in Wien den Soundtrack dafür aufnehmen, und sie bot mir an, ihn exklusiv mit der Kamera zu begleiten. So ein Angebot darf man nicht ausschlagen.

Zwei Tage wurde im Synchron-Stage-Vienna-Studio mit dem hauseigenen Orchester aufgenommen, denn Bully gilt als Perfektionist und legte Wert auf den besten Sound – für die Komposition war Ralf Wengenmayr verantwortlich. Bully landete überpünktlich und gut gelaunt – wir drehten schon seine Ankunft, und er spielte mit, ganz Profi, obwohl er davon nichts gewusst hatte. Der Aufnahmebeginn verzögerte sich dann ein wenig, denn fast jede Musikerin und jeder Musiker wollte ein Foto mit ihm.

Regisseur & Schauspieler Michael „Bully" Herbig bei den Musikaufnahmen zu „Bullyparade – der Film" in der Synchron Stage Vienna

Bully hatte insgesamt bereits fast zwei Jahre als Schauspieler, Regisseur, Drehbuchautor und Produzent an dem Film gearbeitet. Auch am Regieplatz im Studio habe ich ihn sehr konzentriert erlebt. Wengenmayr hatte natürlich in musikalischen Bereichen das Kommando, doch

Bully hatte immer wieder neue Ideen, wie er sich die Musik in bestimmten Szenen vorstellte. Für alle Beteiligten wurden Filmsequenzen über eine riesige Leinwand stumm zugespielt – so bekamen alle direkt ein Gefühl, wie die Musik später wirken würde.

Manchmal lief der Allrounder Herbig plötzlich ins Studio – und wir natürlich mit der Kamera hinterher. Es gibt Tage, da erspart man sich in meinem Job das Fitnesstraining. Zum Beispiel, wenn Herbig bei der Aufnahme eines Geigensolos hautnah am Geschehen sein möchte und deshalb zwei Stockwerke im Eiltempo zurücklegt. Aufzugfahren ist im Fernsehen bei wichtigen Produktionen und Sendungen tabu.

Michael „Bully" Herbig mit Sisi-Porzellanpuppe zum legendären Sketch „Sissi & Franzl" aus der Bullyparade

Zurück am Regieplatz war Bully dann wieder fast wie ein kleines Kind, das gerade seine Weihnachtsgeschenke bekommt. Seine Augen strahlten, manchmal herzte er seinen Komponisten, manchmal zeigte er uns den erhobenen Daumen in die Kamera. Auch für mich war dieser Dreh etwas Besonderes – ich war noch nie bei der Entstehung von Filmmusik dabei gewesen. Auch deshalb versuchten wir nicht zu stören und spielten Mäuschen. Bei ganz leisen Musikpassagen hätte man eine Stecknadel fallen hören können.

Zwischendurch fragte Herbig uns immer wieder, ob wir denn alles hätten, was wir bräuchten, und wir konnten nur zustimmen. Und wie wir das hatten! Als Draufgabe bekam ich am Ende noch ein Original-Notenblatt geschenkt – natürlich signiert. Das hat bis heute einen Ehrenplatz in meinem Büro.

In diesen zwei Tagen wurden rund 80 Minuten Filmmusik eingespielt, das ist viel in kurzer Zeit. Gemischt und endgefertigt wurde der Film dann in München, und Bully kam zur Premiere wieder nach Wien, aber nicht allein: Rick Kavanian und Christian Tramitz begleiteten ihn zu uns ins *Heute leben*-Studio. Das stellten die drei gehörig auf den Kopf, denn sie hatten es sich zur Aufgabe gemacht, die Sendung durcheinanderzubringen und immer wieder woanders aufzutauchen. Eine Herausforderung für unsere Moderatorin Verena Scheitz – aber ein großer Spaß für uns beim Zuschauen.

FAMILIENBANDE

Freundschaften zwischen Prominenten und Journalisten sind in unserer Branche selten. Es ist meist eine Zweckbeziehung: Der Prominente braucht die Publicity, der Journalist gute Geschichten. Es bleibt überwiegend bei professionellen beruflichen Beziehungen. Umso dankbarer bin ich für jene Freundschaften, die sich während meiner Berufstätigkeit entwickelt haben.

Da wäre einmal Manuel Rubey. Der Schauspieler und Sänger lief mir erstmals als Stürmer bei einem Benefizfußballturnier über den Weg, damals noch als Sänger der Band Mondscheiner. Rubey erlangte 2008 durch seine Hauptrolle in *Falco – Verdammt, wir leben noch!* große Bekanntheit. Damals war er noch ein unbeschriebenes Blatt in der Filmwelt, doch die Verkörperung der exzentrischen Musikikone machte ihn quasi über Nacht zum Star. Entsprechend wenig verwundert war ich, als es 2014 ein Benefizprojekt der neuen Band Familie Lässig gab, einer Coverband aus Schauspielern, Musikern und Kabarettisten. Nach einer Idee des „Herrn Direktor" Andreas Fuderer trommelte Schauspieler und Sänger Manuel Rubey für ein Neujahrskonzert im Wiener Stadtsaal Kollegen und Musiker aus aller Welt zusammen, um das neue Jahr mit einem Konzert für einen guten Zweck zu beginnen: Die Einnahmen des Abends gingen an den Asylwerberunterstützungsverein Purple Sheep, für den sich Rubey auch persönlich engagierte.

Zum Clan der Lässigs gehörten neben Rubey noch der Schauspieler und Musiker Gerald Votava an der Gitarre, der Kabarettist Günther „Gunkl" Paal am Bass, die laut Eigendefinition beste Schlagzeugerin der Welt Catharina Priemer-Humpel, der melancholische Norweger Kyrre Kvam am Klavier und Multiinstrumentalist Boris Fiala, der eh alles beherrschte – vom Cello bis zur Melodika, von der

Gitarre bis zum Bass. Als Gastsänger fungierten in der Anfangsphase Katharina Straßer und Thomas Stipsits. Die „Königin", Sängerin Clara Luzia, stieß erst später zur Familie.

Das Projekt hatte von Anfang an meine Aufmerksamkeit! Eine Band in dieser Zusammensetzung ist nicht alltäglich, und so lud ich mich mit einem Kamerateam zu den Proben ein.

Wenn Schauspieler und Kabarettisten singen, gibt es immer zwei Möglichkeiten: Entweder merkt man sofort, dass sie es nicht können und dass es sich um eine einmalige Benefizgeschichte handelt, oder sie können wirklich musizieren und singen und es wurde (noch) nicht entdeckt. Die Familie Lässig gehörte eindeutig zur zweiten Kategorie. Und weil es dem Publikum gefiel, machte man mit dem Projekt weiter. Als dann Clara Luzia dazukam und das Projekt neu aufmischte, hatte die Band bald Kultstatus.

Interview mit Schauspieler & Kabarettist Manuel Rubey

Wir wurden zu ständigen Begleitern des Projekts: Sei es bei Proben im *Augustin*, das Catharina Priemer-Humpel führte und das ihrer (biologischen) Familie gehörte, bei Tourstarts oder auch CD-Produktionen.

Als „Monarchie mit Matriarchat" bezeichnete Manuel Rubey die Band einmal, und Gerald Votava erläuterte: „Das bedeutet, dass wir eine Chefin haben, die sehr streng durch all diese Produktionsprozesse führt." Diese Chefin war Schlagzeugerin Cathi Priemer-Humpel, die die Truppe auch bei den Liveauftritten dirigierte, weil sie, so Votava weiter, in ihrer langen Karriere sowohl Jazz- als auch Poperfahrung gemacht hatte. Und die Schlager liebte und eigentlich ins Schlagerbusiness wollte, wie ihre Partnerin Clara Luzia lachend ergänzte. Doch bei all dem Spaß, den die Band transportierte, waren sie immer mit Ernsthaftigkeit am Musizieren. Gunkl meinte dazu einmal: „Die Proben sind zum Proben da. Geübt wird daheim!"

Dreharbeiten und Gespräche mit den Bandmitgliedern waren immer ein wenig wie gedankliches Froschhüpfen, da man bei sechs Protagonisten nie vorhersehen konnte, in welche Richtung wer beim Interview abbiegt. Da hieß es nicht nur genau zuzuhören, sondern auch spontan zu reagieren.

Rubey war in Interviews immer eher der zurückhaltende, nachdenkliche Typ. Vielleicht war das aber auch eine Art Schutzschild. Ich liebte es, meine Vis-à-vis in Gesprächen zu überraschen und keine normalen Interviews zu führen, in denen ein Thema von A bis Z abgehandelt wurde.

Eine Geste, ein Outfit genügten manchmal, um mich vom geplanten Weg abweichen zu lassen. Und die Familie-Lässig-Mitglieder hatten sichtlich auch Spaß daran, denn während eines Konzerts in der Bühne Mayer wurden mein Kamerateam und ich überrascht: Vor Publikum wurden wir zu „Ehrenfamilienmitgliedern" ernannt. Eine Freude und Ehre für uns, denn das zeigt echte Zuneigung. 2022 löste sich die Band wegen der Corona-Pandemie auf – oder sagen wir optimistisch: Sie nahm sich eine längere Auszeit.

Manche Promi-Familien können anstrengend sein, manche Familien sind cool, aber diese Familie ist lässig.

MANUEL RUBEY SCHREIBT DAZU

Wenn man eine neue Platte herausbringt, ein Programm auf eine Bühne hievt oder auch ein Buch geschrieben hat, dann will man diese Unterfangen ja unter die Leute bringen, wie das so schön heißt. Da können die verschiedenen Medien einiges dazu beitragen. Journalisten und Journalistinnen sind demgemäß Geburtshelfer kreativer Ereignisse. Der Künstler und die Künstlerin neigen vor einem solchen Ereignis oft dazu, sich im Kreis zu drehen, zu wenig zu schlafen und zu wenig Zeit zur Verfügung zu haben, um alles noch zu optimieren, was unbedingt optimiert werden muss. In diese knappe Zeit hinein stopft der Agent dann noch zwei Pressetage. Jeweils sieben Interviews hintereinander. Nun passiert es, dass man sich beim dritten Interview schon selber zuhört und denkt: Das habe ich doch vor einer halben Stunde schon erzählt. *Und täglich grüßt das Murmeltier.* Sie kennen den Film. Wie geht Bill Murray wohl mit Pressetagen um? Ist er so grantig wie die Figur Phil Connors zu Beginn des erwähnten Films?

Wer ihn ganz bestimmt aus der Reserve locken würde, ist der Herr Dr. Günther. Seine Fragen sind andere. Sie kommen aus einem anderen Winkel. Sie kommen um eine Kurve, in die man keine Einsicht hatte. Manchmal ist es auch nur ein Blick und ein Mikrofon, das er einem grinsend unter die Nase hält. Der Herr Dr. Günther macht es mal dadaistisch, mal philosophisch, mitunter gar sophisticated. Aber nie eitel. Und wenn man es gerade geschafft hat, seine Gedanken halbwegs zu ordnen, und wieder in die Spur zu kommen scheint, sagt er: „Danke!“, der Herr Dr. Günther, und verschwindet genauso schnell, wie er gekommen ist. Heute sagen ich und wir danke. Danke auch fürs Dasein bei Projekten, wo viele andere nicht da waren. Auch das zeichnet dich aus. Möge deine Pension so spannend werden wie das Beantworten deiner Fragen!

Ein PS noch: Da du Ehrenmitglied der Familie Lässig bist und ich gerne komische Verbindungen herstelle, noch schnell ein Gedanke: Funny van Dannen, den wir mit der Band oft gecovert haben, singt: „Fragen sind besser als Antworten, oder glauben Sie, dass Günther Jauch mit Antworten so populär geworden wäre." Noch ein Günther mit guten Fragen. So, jetzt ist aber wirklich Schluss. Keine weiteren Fragen, Euer Ehren!

FREEZE-FRAME

Mit dem österreichischen Starfotografen Manfred Baumann und seiner Ehefrau Nelly verbindet mich mittlerweile eine sehr enge Freundschaft. Wir treffen uns regelmäßig zu Kinoabenden, wobei sich „Filme für Frauen“ und „Filme für Männer“ abwechseln.

Manfred Baumann befasst sich hauptsächlich mit Porträtfotografie, Landschaftsaufnahmen, Akt- und Modelfotografie. Er begann 2002, bekannte Persönlichkeiten abzulichten.

Im Jahre 2005 gelang es ihm durch die Hilfe eines Freundes, ein Shooting mit Roger Moore zu vereinbaren. Danach folgten viele weitere, unter anderem mit Olivia Newton-John, Kirk Douglas, Paul Anka, Tony Curtis, David Hasselhoff, John Malkovich, William Shatner, Don Johnson, Jack Black und Bruce Willis. Baumann arbeitet außerdem mit der National Geographic Society zusammen. Im Herbst 2017 stellte er erstmals in einem Museum aus, seine Ausstellung zu Mustangs wurde im Naturhistorischen Museum Wien gezeigt. Zudem widmet sich der Wiener auch dem Thema Krebs. und er ist Ehrenbotschafter von Jane Goodall.

Ich wurde 2007 durch Berichte bei ATV zum ersten Mal auf ihn aufmerksam und dachte mir: Den darf man nicht allein unseren Mitbewerbern überlassen. So kam es zu einem Treffen in der Galerie Augustin im ersten Wiener Bezirk. Als ich die Geschichte über die Doppelausstellung des Fotografen mit Erotikdarstellerin Dolly Buster meinem Chef vom Dienst Andreas Kothbauer vorschlug, meinte der nur: „Wenn du das für eine gute Geschichte hältst, dann mach's.“ Er hatte Vertrauen in mein G'spür für Neues – nicht nur im Fall Baumann.

Fine Nude Art Meets Color Crash war der Titel der Ausstellung, in der Baumann seine neuen Aktfotografien zeigte und die Erotikdarstellerin ihre Malerei. Viel nackte Haut war zu sehen – auch bei Dolly Buster, bei der das Interview nicht leicht zu bewerkstelligen war, da ich ihr mit dem Mikrofon nicht zu nahe kommen konnte. Warum, sei hier der Fantasie der Leser überlassen.

Ich hatte sofort einen Draht zu den Baumanns – die Chemie stimmte einfach zwischen uns. Ich durfte Manfred danach bei Akt-Shootings begleiten – und wir erinnern uns an die Geschichte vom Dreh bei der Pornomesse (siehe Seite 84): Vordergründe machen nicht nur „Bild gesund", sondern auch öffentlich-rechtlich sendbar. Und bei den Aktshootings von Manfred Baumann gibt es ähnlich viel zu sehen wie auf einer Erotikmesse.

Ich begleitete ihn dann auch zu den ersten Shootings mit den neu gewählten Miss Austrias und lernte so einige der schönsten Frauen Österreichs kennen: Silvia Hackl, Christine Reiler, Tanja Duhovich, Patricia Kaiser oder Ena Kadic. Und ich lernte dabei einen sehr einfühlsamen Fotografen kennen, der sich viel Zeit für unerfahrene Personen vor der Kamera nahm.

Sein Motto war immer: „Schaffe eine familiäre Atmosphäre am Set!" Und das gelang ihm gemeinsam mit Nelly, die fast immer fürs Make-up der Protagonisten zuständig war. Man hatte bei ihnen nie das Gefühl, dass die beiden einen Job machten. Ich war jedes Mal wieder überrascht, wie schnell Baumann seine Fotos im Kasten hatte.

Eines der spektakulärsten Fotoshootings, zu dem ich ihn begleiten konnte, fand am Flugplatz Stockerau statt. Das hochschwangere Model Patricia Kaiser wurde fotografiert, als über ihr ein Propellerflugzeug vorbeiflog. Klingt ungewöhnlich, und das war es auch. Baumann hatte sich einen hochsommerlichen Tag ausgesucht, und dementsprechend heiß war es, die Hitze wurde von der Landebahn noch zusätzlich reflektiert. Das Foto wurde im Stil der 60er-Jahre geschossen und sollte nicht nur eine Erinnerung an die Schwangerschaft sein: Kaiser stand mit einem Kinderwagen auf der Landebahn; Baumann lag am Asphalt; wir standen mit der Kamera einige Meter hinter ihm.

Backstage beim Fotoshooting von Star-Fotograf Manfred Baumann mit „Miss Austria 2000" Patricia Kaiser

Pünktlich um 12.00 Uhr mittags – auf dem Flugplatz hatte es mittlerweile gefühlte 40 Grad – begann das Shooting mit einigen Probeflügen der Propellermaschine. Anfangs flog sie dem Fotografen noch zu weit entfernt, also zu hoch, vorbei. Als Baumann mit der Entfernung endlich zufrieden war, war Patrica Kaisers Einsatz gefragt.

Schön sein allein reichte nicht, es brauchte Mut und Stehvermögen: Das Flugzeug flog mehr als ein Dutzend Mal neben und über dem Model vorbei, denn pro Flug war genau ein Foto möglich. Andere Fotografen hätten Model und Flugzeug getrennt aufgenommen und am Computer zusammengeschnitten, aber Baumann liebe es authentisch. Dem Baby in Mamas Bauch schien es zu gefallen, wie Patricia Kaiser im Abschlussinterview berichtete.

Überhaupt war dem Starfotografen keine Idee zu schräg, vor allem, wenn es um den guten Zweck ging. Seine Kalender für die Krebshilfe-Organisation Dancer against Cancer zeugten davon: Prominente wurden in einem Jahr zu Märchenfiguren, bekamen in einem anderen Jahr Glatzen oder wurden zu Filmfiguren – Klaus Eberhartinger war als *Mrs. Doubtfire* ein absoluter Hingucker.

Die Baumanns verstanden es auch immer, die Präsentationen ihrer Ausstellungen und Kalender für Journalisten zu Erlebnissen zu machen: 2018 wurde zum Beispiel der neue Kalender im Rahmen einer Pyjamaparty vorgestellt. Nicht nur die geladenen Gäste, auch wir als berichtendes Fernsehteam hielten uns natürlich an den Dresscode: Wir erschienen in Nachthemden aus dem ORF-Fundus. Diese müffelten zwar ein wenig, was aber im Gewurl zwischen den vielen Menschen in Pyjamas nicht auffiel, zum Glück. Wir hatten viel Spaß, es war ein Highlight meiner Fernsehzeit. Denn wann hat man schon die Gelegenheit, Prominente in Pyjamas zu sehen und filmen zu können? Bei der vorletzten Baumann-Kalenderpräsentation, über die ich berichten durfte, wurde dieses Happening wiederholt. Es war Baumanns berufliches Abschiedsgeschenk an mich.

Mit Kameramann Jürgen Wimmer bei der Pyjamaparty von Manfred Baumann

PANDEMIE

An einem Thema komme auch ich in diesem Buch nicht vorbei: Im Jahr 2020 ändert sich durch die Covid-19-Pandemie schlagartig alles, und plötzlich war nichts mehr wie vorher. Es hieß für alle plötzlich: Maske tragen und Abstand halten. Ab dem 16. März 2020 wurde ein bundesweiter Lockdown verfügt. Wir sendeten unsere *Studio 2*-Sendung zwar weiter, allerdings nicht wie gewohnt: Livegäste wurden aus einem Nebenstudio oder via Internet zugeschaltet. Da unsere Livesendung auf dem Gelände der Intersport produziert wurde, konnten wir unser Redaktionsteam teilen: in ein Team, das ausschließlich die Livesendung bestritt, und ein Redaktionsteam, das vom ORF-Zentrum aus Beiträge zulieferte. Eine Vermischung der Teams war untersagt, um jede Ansteckungsmöglichkeit zu verhindern.

Ich hatte zu dieser Zeit immer einen gepackten Koffer im Auto, denn die Gefahr einer Quarantäne war jederzeit gegeben. Als Gestalter musste ich trotz des Lockdowns Geschichten liefern und erhielt eine sogenannte Bestätigung für ORF-Schlüsselkräfte, die im Falle einer Anhaltung auf der Straße vorzuweisen war und belegte, dass ich „dringliche Aufgaben für den ORF wahrnehmen" musste.

Die ersten Dreharbeiten während des Lockdowns glichen Szenen, wie man sie nur aus futuristischen Endzeitfilmen kannte. Wir drehten eine Geschichte über den Szenefotografen Andreas Tischler, dessen Hauptgeschäft sehr ähnlich meinem war: Er berichtete hauptsächlich von Events, Premieren und über Prominente. An diesem Tag begleiteten wir ihn durch die „Geisterstadt Wien". Er fotografierte den Naschmarkt, wie man ihn sonst nur in den frühen Morgenstunden kennt – völlig ausgestorben, alle Läden geschlossen. Andreas Tischler, mein Kamerateam und ich waren weit und breit die einzigen Menschen. Es war gespenstisch ruhig, denn es fuhren auch keine Autos.

Die einzigen Ausnahmen waren Funkstreifen, die kontrollierten, dass sich alle an die Einschränkungen hielten.

Die Kärntnerstraße bot ein ebenso ungewöhnliches Bild: keine Touristen, keine Straßenmusikanten, keine geöffneten Souvenir- oder Modeshops. Nur ein paar Spaziergänger mit ihren Hunden bereicherten das Bild. Ein Motiv für Andreas Tischler war eine weggeworfene FFP2-Maske, die es auch auf die Titelseite einer Tageszeitung schaffte. Es war sein Glück, dass er nicht nur für die Society-Seiten verschiedenster Tageszeitungen fotografierte und seine Fotos auch in den Chronikredaktionen begehrt waren. Und das war auch der positive Aspekt meiner Geschichte: Das Virus nimmt einem Eventfotografen zwar den täglichen Job, aber die Geschichten sind nicht weg, sie sind nur woanders.

Dreharbeiten im Lockdown mit Fotograf Andreas Tischler

Wie sehr das Virus uns alle betroffen hat, zeigte sich eine Woche nach diesem Dreh. Ein ungewöhnliches Bild bot sich im ORF-Zentrum am 24. März 2020, doch was war in Zeiten von Corona schon gewöhnlich?24 Mitarbeiter und Mitarbeiterinnen der ORF2-Infor mation haben ihre Koffer gepackt, um einen isolierten Bereich im ORF Zentrum zu beziehen. Um dort zu arbeiten und zu wohnen, für die freien Stunden wurden auch Aufenthaltsbereiche geschaffen – für insgesamt 180 Mitarbeiter wurde der Küniglberg zum „Homeoffice". Eine komplette Mannschaft, die es brauchte, um die *Zeit im Bild*-Sendungen abzuwickeln: Regie, Technik, Administration, Moderation. Sie alle sollten bestmöglich geschützt werden, damit der Betrieb der Sendungen gewährleistet war.

Das Homeoffice wurde auch für mich zum neuen Arbeitsplatz, allerdings selten. Ich nutzte meine Kontakte zu Prominenten, um mir von ihnen selbst gedrehte Videos über ihren Covid-Alltag schicken zu lassen und diese dann zu bearbeiten. Damit war mein Arbeitsplatz nach wie vor der Schneideraum, wo wir ab sofort neben den Cutterinnen durch eine Plexiglasscheibe getrennt saßen.

Viele Prominente waren unerwartet gute Kameraleute und hatten Spaß daran, eine willkommene Abwechslung während der Ausgangssperre zu haben: Herbert Steinböck filmte für uns einen witzigen Skype-Lehrgang; Schlagersängerin Hannah ließ uns an ihrem Putzalltag teilhaben; Werner Brix zeigte uns seine Kochkünste nackt und nur mit einer Schürze bekleidet; Missy May präsentierte ihre Ostervorbereitungen. Andere wie Bluatschink, Andie Gabauer oder Stefan Jürgens spielten für uns Balkon- oder Dachkonzerte.

Im Zuge der zweiten Covid-Welle von November 2020 bis Jänner 2021 gab es österreichweit eine Maskenpflicht in fast allen öffentlich zugänglichen Innenräumen und Beschränkungen bei Events und im Gastrobereich. Da hat es dann auch mich und meinen Kameramann Jürgen Wimmer erwischt – wir wussten nicht genau, wo wir uns das Virus eingefangen hatten, aber wir wurden nach einer Modeschau und einem John-Lennon-Tribute im Wiener Stadtsaal positiv getestet und waren zwei Wochen außer Gefecht gesetzt. Zum Glück hatte Jürgen Wimmer einen leichten Verlauf und ich gar keine Symptome.

Der ORF bereitete in der Corona-Krise ein Stadt-*Studio 2* in der Stiftskaserne vor. Damit sollte ein autarkes ORF-Studio für Internet-, Radio- und Fernsehberichterstattung für den Notfall errichtet werden. In der Stiftskaserne steht einer der sechs Wiener Flaktürme, dort befindet sich das Reservestudio.

Unser *Studio 2*-Sendungsablauf lief uneingeschränkt weiter – während des ersten Lockdowns hatten wir sogar doppelte Sendezeit. Zwei Stunden statt einer, unterbrochen durch Sendungen des aktuellen Dienstes. Eine Herausforderung ans Team, denn es gab kaum Geschichten zu drehen. Wir behalfen uns mit vielen Schaltungen zu interessanten Menschen. Der Fortschritt der Technik half dabei sehr, denn mit jedem Handy war inzwischen eine Schaltung nach „draußen" möglich. Einige Gesprächsgäste kamen auch ins Nebenstudio, um von dort in die Sendung zugeschaltet zu werden.

Eine der skurrilsten Liveschaltungen gelang mir zu Max Raabe, der ein neues Album aufgenommen hatte. Er saß daheim in Brandenburg, und schon bei den technischen Proben, ob wir das Handy auch problemlos erreichen konnten, brach die Leitung öfter ab. Für Raabe aber kein Problem: Er ging zu seiner Nachbarin und setzte sich auf einen Baum. Dort hatte er, nach eigenen Aussagen, den besten Empfang. Max Raabe in Sakko und Krawatte in einem Baum sitzend, das Handy auf einem Ast gegenüber montiert, ist eine Aufnahme, die wir immer noch bei seinen Besuchen im *Studio 2* zuspielen. Für mich ist das Fernsehgeschichte. Eine kleine zumindest.

UNVERGESSEN

Neben den persönlichen Abschieden von geliebten Menschen im Privatleben trafen mich auch Abschiede von Menschen, die mich beruflich begleitet, unterstützt und geprägt haben. Georg Danzer, Karl Merkatz, Waltraut Haas, Toni Stricker, Hugo Portisch sind nur einige, die ich näher kennenlernen durfte und die nicht mehr da sind. An vier andere möchte ich mich in diesem Kapitel erinnern. Ihnen habe ich viel zu verdanken, und ich habe viel von ihnen gelernt.

Werner Schneyder, der selbst erklärte „Universaldilettant", war ein österreichischer Kabarettist, Autor, Schauspieler, Regisseur, Boxkampfrichter und Sportkommentator, der 82-jährig in Wien verstarb.

Schneyder war verschwenderisch in seiner Zuwendung für nachkommende Talente – er ging zu allen nur erdenkliche Premieren und schlug stets die Hacken zusammen, wenn ihm ein Neuer und Nachdrängender gefiel: „Kann was!", kommentierte er dann.

Ich war seit meiner Schulzeit ein Fan von ihm. Langspielplatten seiner Programme liefen in meinem Zimmer rauf und runter. Meine erste persönliche Begegnung fand 1982 im Konzerthaus anlässlich eines Benefizabends für Solidarność statt, die polnische Gewerkschaft, die gerade von Polens Regierung verboten worden war. Ich durfte den Großmeister der Satire vor Ort für die monatlich erscheinende *ai-Rundschau* von Amnesty International interviewen. Ich war wahnsinnig nervös und hatte sogar meinen privaten Kassettenrekorder mit, damit ich ja keine Antwort vergaß.

Meine Fragen hatte ich sorgfältig aufgeschrieben, sogar die Batterien für den Kassettenrekorder hatte ich erneuert. Zu Beginn des Interviews war ich so aufgeregt, dass ich natürlich vergaß, auf Aufnahme zu drücken. Schneyer blieb ganz Profi und ließ mich das Interview neu starten.

Es war das erste Interview, das ich überhaupt führte. Als ich ihm das Jahre später erzählte, war ich erstaunt, dass sich Schneyder daran erinnern konnte. Und wir haben uns immer, wenn wir uns getroffen haben, kurz darüber unterhalten. Meist war es nur der Satz: „Ah, hier ist wieder dein erster Interviewpartner!"

Schneyder war auch ein Genussmensch – einmal drehte sich unser Gespräch über die Themen Essen und Trinken und er erzählte folgende Geschichte: Schon in Jugendjahren habe ihm, dem damaligen Werbetexter und Journalisten, ein Arzt gesagt: ‚Es ist sinnlos, Ihnen zu sagen, halten Sie sich vom Alkohol fern. Mein Rat: Trinken Sie einfach nur das Beste.' Das war eines der vielen Dinge, die man von ihm lernen konnte. Und zu seinen Werten zu stehen – egal, wer das Sagen hat.

Interview mit Satiriker, Regisseur & Autor Werner Schneyder

Er war ein Sir. Ich habe ihn einmal gefragt, ob er sich die Menschen merkte, die er traf, und ob er sich an viele Gespräche erinnerte. Darauf meinte er entwaffnend: „Schau, ich habe da eine ganz persönliche Taktik: Wenn jemand auf mich zukommt und mich begrüßt, sage ich einfach: ‚Meine Liebe oder mein Lieber, schön Sie zu sehen!' Das erspart mir, mir Namen zu merken, was ich eh nicht kann, und mein Gegenüber hat das Gefühl, ich erkenne sie oder ihn!" Wenn ich mit ihm gedreht habe und etwas Spezielles von ihm brauchte, gab's immer den Satz: „Wenn's der Kunst dient, gerne." Von Werner das Du angeboten zu bekommen, war deshalb für mich eine persönliche Ehre. Es hat allerdings ein paar Jahre gedauert, bis es so weit war.

Unser letztes Treffen fand am 25. Jänner 2017, seinem 80. Geburtstag, statt, zur Premiere seines letzten Programms *Das war's von mir* im Akademietheater. Er schien nicht unglücklich, dass es in wenigen Stunden vorbei wäre mit seinen Bühnenauftritten. Er meinte, es sei Zeit, den Jüngeren das Satirefeld zu überlassen. Und er wollte noch mehr Zeit damit verbringen, sich jüngere Künstler anzuschauen.

Was Werner Schneyder mit Wortwitz schonungslos offenbarte, legte der Niederösterreicher Manfred Deix mit seinen Zeichnungen frei. Er stellte Schwächen mit absoluter Unbarmherzigkeit bloß und war scharfer Kritiker alles Reaktionären – dessen es in Österreich ja genügend gibt. Als „Katzenliebhaber, Kettenraucher, Beach-Boys-Fan, Donaldist, Bürgerschreck" wurde er einmal bezeichnet. Über Deix lässt sich vieles sagen, nur eines nicht: dass er sich je angepasst oder gar irgendwelchen Geschmäckern unterworfen hätte. Er hat die Deix-Figuren geprägt und zeigte uns mit ihnen auch, dass das Werk des Schöpfers nur so strotzt von Fehlern, Peinlichkeiten und Schnitzern.

Ich habe aus nächster Nähe miterleben können, wie er mit wenigen Strichen etwas zu Papier brachte, das so auf dem Punkt war, so genau, so lustig und so viel Kraft gehabt hat. Selten konnte er stillsitzen, bei einem Kaffee. Sein Blick war immer auf der Suche, und war kein Blatt Papier zur Verfügung, dann musste eine Serviette herhalten. In der linken Hand eine Zigarette, zeichnete er mit der rechten Personen, die am Nebentisch saßen. Interviews mit ihm wurden meistens zum Zeichenunterricht.

Kennengelernt habe ich den Meister des spitzen Bleistifts 2003 im Rahmen einer Ausstellungseröffnung. Kurz danach bat ich den Direktor des Karikaturmusems, Gottfried Gusenbauer, einen Kontakt herzustellen, denn ich wollte drei Deix-Originale kaufen. Einige Tage später rief mich der Meister persönlich an und stellte folgende Fragen: „Bist du mündig und im Vollbesitz deiner geistigen Fähigkeiten? Hast du dir das gut überlegt? Wirst du gut auf meine Bilder aufpassen?" Erst nachdem ich alle drei Fragen mit Ja beantwortet hatte, war er zum Verkauf bereit. Im Tresorraum des Karikaturmuseums lief der Deal über die Bühne. Ab diesem Zeitpunkt bestand eine Beziehung zwischen uns. Wann immer wir uns getroffen haben, haben wir uns über feine und gute Schuhe unterhalten, denn es sei wichtig, sagte er, „dass man einen guten Stand hat". Er hat sich öfter beklagt, dass er es mit jungen Interviewerinnen zu tun hat, die ja nicht einmal wüssten, wer er sei.

Dreharbeiten mit Manfred Deix im Karikaturmuseum Krems

Wen er ins Herz geschlossen hatte, der konnte nahezu alles von ihm haben. Zu dieser Person war er sehr charmant, da plauderte er, ohne auf die Uhr zu schauen. Ich habe ihn bei anderen Gesprächspartnern aber auch anders erlebt: einsilbig, kurz angebunden, und man merkte, dass er das Treffen rasch beenden wollte.

2015 wurde im AKH bei Deix COPD diagnostiziert. Drei Monate lag er daraufhin im Krankenhaus, davon zwei auf der Intensivstation. Als er wieder entlassen war, trafen wir uns zum Gespräch über seinen Gesundheitszustand. Er war erschlankt, was ihm gut stand, fröhlich und zuversichtlich. Aufgehört zu rauchen hatte er nicht – damals waren es E-Zigaretten. Zur Veröffentlichung seines Buches *Tierwelt – Katzen & Co* haben wir uns zum letzten Mal bei ihm daheim getroffen. Er war sehr kurzatmig und blass. Man merkte, dass ihn das Interview anstrengte, aber er war in seinen Antworten noch immer auf dem Punkt. Rund drei Monate später verstarb der Cartoonist. Seine Kompromisslosigkeit und seine Beobachtungsgabe fehlen nicht nur mir.

Wenn die Bezeichnung TV-Legende auf jemanden zutrifft, dann auf Peter Rapp. Er gehörte mit seinem Schmäh und seiner Schlagfertigkeit zu den größten Entertainern, die Österreich in den vergangenen Jahrzehnten zu bieten hatte. So lange ich mich zurückerinnere, war er immer im Fernsehen präsent – in *Spotlight* habe ich ihn zum ersten Mal wahrgenommen, damals noch als Zuschauer. Das war meine Jugendsendung. Da wurde die Musik gespielt, die ich mochte, und ich bekam endlich ein Bild zur Musik.

Peter Rapp war mehr als 60 Jahre lang Teil der österreichischen Fernsehlandschaft, die er als ORF-Gesicht und Showmaster von *Spotlight* über *Champion* bis hin zur *Brieflos Show* prägte. Mit der Wunschsendung *Wurlitzer* brachte er Ende der 80er-Jahre Musik ins Haus, als von MTV oder Viva noch keine Rede sein konnte. Manchmal leicht grantig wirkend, aber immer charmant, nahm er die Anrufe der Zuseherinnen und Zuseher im Nachmittagsprogramm des ORF entgegen, um ihnen ihre Musikwünsche zu erfüllen. Da lernte ich ihn zum ersten Mal persönlich kennen. Ich war damals „seine“ Kabelhilfe. Er hatte immer einen Schmäh auf den Lippen, ohne untergriffig zu sein, und er hatte immer eine Zigarette in der Hand. Ich war daher bald auch zuständig dafür, dass immer ein Aschenbecher in seiner Nähe war.

Es hat mich fasziniert, mit welcher Ruhe er Livesendungen moderierte, unter anderem auch den *Ferienexpress*, wo ich ihn ebenfalls einige Male als Moderator erleben durfte. Nichts konnte ihn aus der Ruhe bringen. Sein Spruch war: „Bua, es ist nur Fernsehen!“ Nicht selten brachte er Kameraleute zur Verzweiflung, wenn er beim Runterzählen des Countdowns für die nächste Moderation bei 2 noch genüsslich an der Zigarette zog und diese erst nach 1 aus dem Bild schoss, um dann souverän loszumoderieren. Er hatte Freude daran, sein Ding durchzuziehen – das machte ihn so authentisch.

Im Team war er ein gern gesehener und geschätzter Kollege – er wurde nie ausfällig, er behandelte jede und jeden gleich wertschätzend. Er wusste: Man hat nur im Team Erfolg. Probleme hatte er mit Menschen, die ihm Moderationen vorschrieben. Selten hat er diese gelesen, noch seltener hat er sie vor der Kamera wiedergegeben.

Mit *Hoppala* erreichte er Reichweitensphären, die heute nicht mehr vorstellbar sind: Laut Rapp sahen bis zu 3,6 Millionen Österreicher bei diesem öffentlich-rechtlichen „Pleiten, Pech und Pannendienst“ zu.

Das Leben von Peter Rapp hatte aber auch seine Tiefen. So sorgte er etwa in den 90er-Jahren für Schlagzeilen, als ihn finanzielle Schwierigkeiten in den Privatkonkurs zwangen. Und doch ließ er nie vom Bildschirm ab.

Der Dauerbrenner *Millionenrad* (später *Brieflos Show*) begann 1990 und lief bis Ende 2018; 1979 bis 2011 war er zudem das Gesicht der *Licht ins Dunkel Gala* im ORF. Zwei Jahre später wurde Rapp schließlich als beliebtester Moderator in der Kategorie Show mit einer Romy ausgezeichnet – beileibe nicht der erste Preis, den er mit nach Hause nehmen durfte. Aber er blieb immer „der Peter“.

2007 traf ich ihn am Gang vor den *Sommerzeit*-Büros. Und er kam mit der Idee auf mich zu, ein „Da Capo“ seiner *Spotlight*-Sendungen zu machen – der Beginn einer genialen und kostengünstigen Rubrik für unsere Sendung, in der sich Peter Rapp mit Ausschnitten von damals an seine Gäste erinnerte. Da habe ich erst seine Genialität zu schätzen gelernt, wie er aus meinen Moderationstexten launige Unterhaltung machte. Diese Texte hat er sich immer erst unmittelbar vor der Aufzeichnung durchgelesen, damit er wusste, um wen es in der jeweiligen Folge ging. Doch dann hat er improvisiert – und zwar vom Feinsten. Viele sagen, er sei unvorbereitet gewesen, aber ich halte es da wie Rudi Carrell. Der legendäre niederländische Showmaster meinte in einem Interview einmal: „Damit du etwas locker aus dem Ärmel schütteln kannst, musst du es zuvor hineintun!“ Und Peter Rapp schüttelte viel aus dem Ärmel.

Backstage mit Peter Rapp

Im September 2013 erlitt Rapp einen Herzinfarkt. Das stoppte den quirligen Moderator jedoch nicht, schon kurz darauf wieder auf der Bühne zu stehen. Ein Fernbleiben „kann ich mir nicht leisten", witzelte die TV-Ikone. Sein Schmäh und Scharfsinn werden den Menschen auf ewig in Erinnerung bleiben. Auch mir.

Ein anderer großer Mann der österreichischen Kulturszene konnte sich bis zum Ende meinen Namen nicht merken. Löffelmann schon, aber für ihn war ich stets Gerhard. Er rechtfertigte das mit „Namensinsuffizienz". Ich besitze sogar für mich signierte Alben von ihm, auf denen „Für Gerhard" steht. Aber wer wollte einem Willi Resetarits schon widersprechen.

Begleitet habe ich ihn – oder er mich – bis zum Ende seines Schaffens. Im Oktober 2021 veröffentlichte er mit der Band Stubnblues das Album *Elapetsch* – und setzte sich damals schon mit dem Tod auseinander: „Das Grundthema ist eigentlich, dass das nahende Ende ständig präsent ist. Aber dieses Phänomen macht das Leben schöner", erklärte er damals im Interview. „Wenn man ein Bewusstsein dafür kriegt, dass die Tage gezählt sind, intensiviert das das Leben. ‚Elapetsch, Tod' bedeutet, dem Tod eine lange Nase zu drehen. Dahinter schwebt: Dem Tod durchaus gefasst ins Auge zu blicken und es leicht zu nehmen mit der Vergänglichkeit."

Bei der Albumpräsentation saß mir wie immer ein in sich ruhender, weiser Willi Resetarits gegenüber. Ich habe ihn als warmherzigen Menschen empfunden, von dem ich gelernt habe, sich immer für das Gegenüber Zeit zu nehmen: Wenn jemand etwas von dir will, dann schenke ihm diese Minute, denn für ihn ist sie vielleicht ganz wichtig. Er verband stets Schmäh und Musik mit seinem Einsatz für soziale Gerechtigkeit. Willi war ein Mensch, der ohne großes Aufsehen anderen in Not geholfen hat. Er hatte ein Charisma, das ich bei wenigen anderen Menschen festgestellt habe. Und er kannte keine Barrieren – musikalisch sowieso nicht, aber auch sonst hat er immer über den Tellerrand geschaut.

Backstage mit Dr. Kurt Ostbahn alias Willi Resetarits

Nicht wegzudenken war das gesellschaftliche und politische Engagement, das die Kunstfigur Dr. Kurt Ostbahn mit ihrem Darsteller Willi Resetarits verband. 2013 erhielt er das Österreichische Ehrenkreuz für Wissenschaft und Kunst und wurde in der Kategorie „Kulturerbe" zum Österreicher des Jahres gekürt – das alles hat er aber nie hervorgekehrt. „Be a Mensch" war sein Lebensmotto. Er war und ist als Mensch mit seinem unermüdlichen Einsatz für die Schwachen und Benachteiligten dieser Welt ein echtes Vorbild. In einem *Falter*-Interview meinte er einmal, er fände es „wahnsinnig angenehm, kein Oaschloch zu sein". Wer mit ihm redete, erlebte einen anekdotenreichen, ins Tausendste abschweifenden Erzähler.

73 Jahre alt ist Willi Resetarits geworden – und seine Standardverabschiedung als Kurt Ostbahn klingt weiser und wichtiger denn je: „Passts auf! Seids vursichtig und losst eich nix gfoin!"

DREHSCHLUSS

Ich habe sechs Generaldirektoren und eine Generaldirektorin im ORF erlebt: Gerd Bacher, Teddy Podgorski, Gerhard Zeiler, Gerhard Weis, Monika Lindner, Alexander Wrabetz und Roland Weißmann. Ich durfte Sendungen mit aus der Taufe heben: den ersten Live-Kindernachmittag *Ich und Du*, *Confetti TiVi*, das Jugendvorabendmagazin *25*, das erste interaktive Fernsehspiel *Simsalabim Bam Bumm*, die ORF-Realityshow *Taxi Orange*, das Vorabendmagazin *Jahreszeit*.

Mein Berufsleben war immer ein Leben auf der Überholspur. Alltäglichkeiten haben mich nie interessiert. Normalität habe ich irgendwann aus Desinteresse verlassen. Es ging mir immer alles zu langsam voran. Wann das begonnen hat, weiß ich nicht mehr. Sicher nicht während meiner Schul- und Studienzeit. Da gehörte ich nicht zu den Überfliegern. Ich lief eher so mit, manchmal hinterher. Erst neben Fernsehkameras hatte ich meinen Platz gefunden – war ich angekommen.

Natürlich gab es in den über 40 Jahren des Fernsehen-Machens neben den vielen Höhen auch einige Tiefpunkte. Nicht alles war super, einiges sogar sehr schlecht – aber ich habe immer versucht, es das Publikum nicht merken zu lassen. Der Zuschauer kann nämlich am wenigsten dafür, wenn ich Probleme beim Dreh hatte oder an diesem Tag nicht gut drauf war.

Es ist schon blanke Ironie, dass mir eine Woche vor meiner Pensionierung der Zutritt ins ORF-Zentrum wegen einer Bombendrohung verwehrt wurde. Zu wissen, dass man etwas zum letzten Mal tut, verleiht selbst den einfachsten Handlungen etwas Besonderes. Je näher mein Wechsel in die Korridorpension rückte, desto emotionaler wurden die Drehs. Protagonisten wie Kameraleute machten mir den Abschied nicht leicht.

Ich sage immer: Ich habe die schönste Zeit des Fernsehens erlebt. Ich durfte viele Menschen kennenlernen, die mich weitergebracht haben und die mich das „Leben" gelehrt haben. Menschen aus Society, Kunst, Kultur, Sport und Politik. Ich durfte technische Entwicklungen in Bezug auf Kameras, Licht und auch Tonqualität miterleben. Und vieles wird auf diesem Gebiet noch besser.

Ich bin und war immer leicht zu begeistern – ja, ich war oft euphorisch. Mein Glas ist immer mindestens halb voll. Ich habe immer versucht, respektvoll zu sein und mein Gegenüber zu motivieren. Ich habe Freunde gefunden, auch Freunde fürs Leben.

„Drehschluss!" wird vor allem beim Film ausgerufen, wenn der Drehtag beendet ist. Für mich war am 31. März 2025 Drehschluss im ORF.

ORF

ZUM SCHLUSS: DIE 10 LÖFFELMANN'SCHEN GESETZE

Meine Tätigkeiten im Fernsehen waren immer geprägt von Gesetzmäßigkeiten. Irgendwann sind meine eigenen Regeln entstanden, nach denen ich in meinem Job agiert habe.

- Hauptsache, wir haben unseren Spaß, dann hat ihn auch das Publikum.
- Du bist immer nur so gut wie alle *vor* der Kamera.
- Geht nicht, gibt's nicht.
- Hab immer einen Plan B.
- Man muss mit einer Geschichte zurückkommen, und wenn es eine andere ist.
- Das Minimum, das man über sein Gegenüber wissen sollte, ist der Wikipedia-Eintrag.
- Nur DU weißt, welche Geschichte geplant war – dem Fernsehpublikum muss sie nur gefallen.
- Manchmal musst du jene vor der Kamera vor sich selbst schützen.
- Mach dein Problem zum Problem der anderen.
- Mach dir die Geschichte und den Dreh möglichst früh aus. Das zeugt nicht nur von Interesse, sondern sorgt meist auch dafür, dass du die Story zuerst oder allein hast.

Wenn ich mich an diese 10 Regeln gehalten habe, ist nie etwas schiefgegangen.

DANKSAGUNG

Ich sollte wahrscheinlich wirklich jedem danken – höheren Mächten, dem Universum, allen Sternschnuppen und Münzen im Brunnen, bei denen ich mir jemals etwas gewünscht habe, und bei mir selbst, denn irgendwie muss all das dazu beigetragen haben, dass alles so gekommen ist und mein Name vorne auf dem Buch steht.

Ich danke Ihnen, liebe Leserin, lieber Leser, dass Sie dieses Buch ausgewählt haben und es jetzt in Händen halten.

Ich danke meinen Eltern. Ohne sie wäre ich nicht hier – und ohne ihre Unterstützung, bei aller Skepsis gegenüber meiner Berufswahl, hätte ich es nicht so weit gebracht.

Ich danke der schlausten, weitsichtigsten und witzigsten Person: meiner jetzt Ex-Kollegin, ja besten Freundin von allen, Sybill Dolenz, die immer da war, wenn ich zweifelte und Tiefpunkte hatte. Die mich immer motiviert hat, aber auch immer auf den Boden der Realität geholt hat.

Zu meiner aktiven Zeit habe ich immer gesagt: „Ich bin immer nur so gut wie alle vor der Kamera." Das stimmt nur bedingt, denn ohne die Kameraleute an meiner Seite, die mich oft durch eine Geschichte oder Produktion getragen haben, wäre vieles nicht so qualitativ hochwertig auf Sendung gegangen: Jürgen Wimmer, Walter Pfreundschich, Annette König, Christian Ecker, Andrea Schulz-Grocholski und Klaus Ibitz – ihr seids die Besten!

Aber was wären Videoaufnahmen ohne Ton? Dominik Stachl, du bist der große Soundzauberer!

Genauso wichtig und unverzichtbar sind die Cutterinnen und Cutter, die aus dem Gedrehten mit feinfühligem Schnitt so vielen Ideen erst den richtigen Schliff gegeben haben: Claudia Erdost,

Manuela Czaak, Jasna Lehpamer, Irmgard Slapota, Christine Fochler, Christina Albrecht, Franz Kamper und Wolfgang Rezny – ich schätze mich glücklich, mit euch so viele Stunden in den Schneideräumen verbracht zu haben.

Ich danke meinem langjährigen und oft nachsichtigen Chef vom Dienst, Andreas Kothbauer, der mir viel Vertrauen geschenkt hat und mich immer an der „langen Leine“ hat arbeiten lassen. Von ihm habe ich gelernt, dass man manchmal die Menschen auch „vor sich selber schützen muss“ und nicht alles senden soll.

Ich danke meiner Lektorin Caroline Metzger, dass ich mit ihr an diesem Buch arbeiten durfte und für ihr feinfühliges Lektorat.

Ich danke Birgit Francan vom Ueberreuter Verlag für die Idee zu diesem Buch und das Vertrauen in meine Geschichten.

Und last but not least: Danke an diverse Süßigkeitenerzeuger, Energy-Drink-Firmen und Essenslieferservices – auf euch ist Verlass!

Fotoverzeichnis
Seite 6: Alexander Tuma / Starpix / picturedesk.com
Seite 9, 18, 26, 27, 29, 31, 32, 35, 37, 53, 56, 57, 73, 76, 159, 163, 165, 179, 182: Fotos privat / Backstage
Seite 11: Foto privat /Friedrich Löffelmann
Seite 23: First look / picturedesk.com
Seite 48: Horst Schäfer / Interfoto / picturedesk.com
Seite 82: Doris Hochmayr
Seite 87: Günther Pichlkostner / First Look / picturedesk.com
Seite 100: Ohlenbostel Guido / Action Press / picturedesk.com
Seite 104: Foto Thomas Rist
Seite 109,115: Österreichisches Weltraumforum ÖW F/ Andreas Köhler
Seite 126, 141, 147, 173, 191: Dominik Stachl
Seite 133: Dirk Henning
Seite 137: Franz Reichl
Seite 144: Thomas Ramstorfer
Seite 145: Thomas Ramstorfer / First Look / picturedesk.com
Seite 151: Walter Pfreundschich
Seite 161: Herbert Pfarrhofer / APA / picturedesk.com
Seite 167: Roman Zach-Kiesling / First Look / picturedesk.com
Seite 169, 170, 186, 193: Roman Bagner
Seite 180: Raphael Kajetan Krottenauer
Seite 188: Marietta Deix
Seite 197: Andreas Tischler / picturedesk.com

1. Auflage 2025

Frankgasse 4 | 1090 Wien
produktsicherheit@ueberreuter.at
ISBN 978-3-8000-7897-4

FSC www.fsc.org MIX Papier | Fördert gute Waldnutzung FSC® C106954

Covergestaltung: Saskia Beck | s-stern.com
Coverfotos: © Jürgen Wimmer | Günther Löffelmann privat |Dominik Stachl
Satz: Lisa Wilfinger | Carl Ueberreuter Verlag
Lektorat: Caroline Metzger, MA
Druck und Bindung: Imprint d.o.o. | Ljubljana, Slowenien

www.ueberreuter.at